☆ 聆听市场营销前沿的声音
一学就会的销售实战教材

和谐导购实用手册

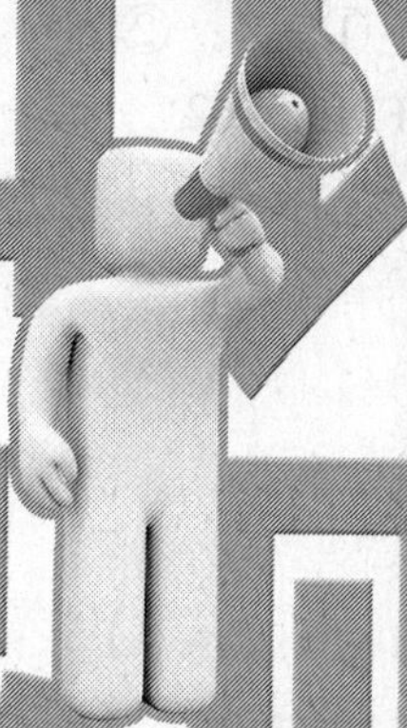

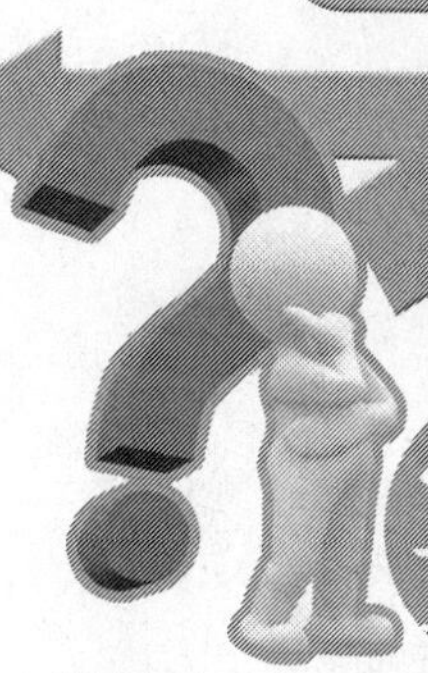

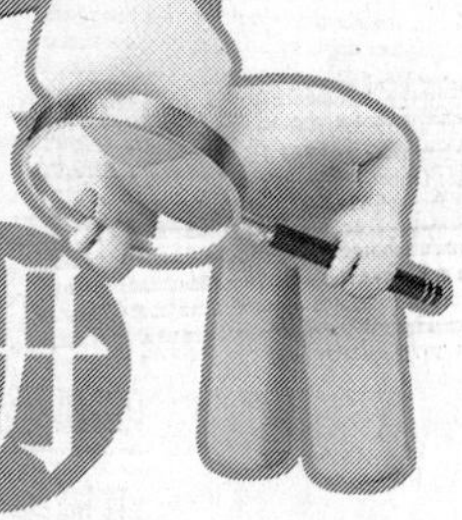

HARMONIOUS MARKETING

王大王、齐国庆、范锦雨◎编著

图书在版编目（CIP）数据

和谐导购实用手册/王大王，齐国庆，范锦雨编著.
—北京：经济管理出版社，2010.3

ISBN 978-7-5096-0909-5

Ⅰ.①和… Ⅱ.①王… ②齐… ③范… Ⅲ.①销售—手册 Ⅳ.①F713.3-62

中国版本图书馆 CIP 数据核字（2010）第 031598 号

出版发行：经济管理出版社
北京市海淀区北蜂窝 8 号中雅大厦 11 层
电话：(010)51915602　　邮编：100038

印刷：世界知识印刷厂　　经销：新华书店

组稿编辑：申桂萍　　责任编辑：申桂萍　许韩静
技术编辑：杨国强　　责任校对：超　凡

720mm×1000mm/16　　10.5 印张　　136 千字
2010 年 3 月第 1 版　　2010 年 3 月第 1 次印刷

定价：28.00 元

书号：ISBN 978-7-5096-0909-5

序言

如果在你的销售中没有达到一种和谐快乐的气氛，顾客感情冷淡，没有兴奋起来，你最好不要先谈买卖，因为销售就是信心的传递，情绪的转移，所以那样常常事倍功半。

如果在你的企业团队中没有达到一种和谐向上的精神，管理者没有领悟爱，员工不知感恩、不懂付出，那样你最好先稳步不进，因为那样你会举步为坚。

《和谐导购实用手册》这本书以作者的亲身经历，提出了新的理念，详细地阐述了销售技巧的精髓，揭示了当下许多同类书籍中没有揭示的销售核心和企业团队生存的秘密。

本人也看过很多同类的销售书籍，但对这本《和谐导购实用手册》却有更深的理解，本书实用性强、可读性强，风趣幽默的语言不流于形式，对销售人员所急需的销售语言，进行了详细的案例分解，并对销售流程模式的重点、要点揭示得全面深入，真正能让读者感觉学有所用、学以致用，是针对销售中的不足之处对症的良药。

在《和谐导购实用手册》这本书中，作者摒弃了许多同类书中的浮华词语，真正从业内人士的角度为读者把脉。作者以北京 A 家居公司为真实案例，展现出了许多简单、实用、鲜活的销售技巧和心态激励手法，可以让读者理解并投入在实战中。

作者在第一章“和谐营销”中阐述了对和谐营销的理解认识，理解和谐营销在销售中的重要性，理解日本产品、美国产品、韩国产品的最大卖点是什么，分析了“和谐”是中国产品的最大卖点的原因。第二、三章中作者提出了销售的相通秘密“和谐”及怎么样理解和谐销售，怎么样创造和谐销售，详细分析了和谐销售的每一个细节。第四章中描写了从作者的亲身经历到员工写给作者的信，再到那位可敬可爱的天使奶奶，无一不体现了和谐在销售、团队、社会中的重要性。

本人作为书中真实描写北京A家居公司的一员，诚恳地把《和谐导购实用手册》这本书推荐给广大的读者朋友们，这本书真正理清了销售的思路，指明了销售的方向，揭示了销售的核心技巧。这本书不仅是家具销售人员必读的一本良书，更是每个战斗在销售前线的朋友们自我学习的良师益友。希望每位读者都能从中获取更大的收获，在销售事业中创造更大的辉煌！

北京A家居品牌经理 **王全志**

2010年3月

目 录

第一章　和谐营销

《和谐导购实用手册》是主讲销售技巧的实战教材。该书讲得很深入，细到每一句话、每一个动作和表情，详见第二、第三章。在讲销售技巧之前，我们应该先对和谐营销的概念有所认识，理解和谐文化在销售工作中的重要性，理解“和谐”为什么是中国商品的最大卖点。

一、卖产品不如卖和谐

有朋友买了一辆车，是日本产品。我问他：干吗买日本车呢？

日本产品处处以科技自居，机器人技术成为日本产品的形象代言人。①

① 本书中图片均为作者拍摄作品，下同。

他回答：省油。我再问：何以见得呀？他回答：人家科技含量高呀。我再问：凭什么说日本车科技含量高？他回答：大家不都这么说嘛。我笑道：大家都这么说，是因为广告看多了，而广告都是虚构的宣传品。

有位学妹花了一个月的工资买了件短裙，是韩国产品。我问她：干吗买韩国产品呢？她回答：流行呀。我再问：何以见得呀？她回答：哈韩呀，韩国女人最美丽呀。我再问：凭啥说韩国女人就一定美丽呢？她回答：大家不都这么说嘛。我笑道：大家都这么说，是因为韩剧看多了，而韩剧都是虚构的宣传品。

楼下的业务经理说要组团去国外旅游，选来选去，最终决定去美国。我问他：干吗去美国呢？他回答：好玩儿呀。我再问：何以见得呀？他回答：人家是自由国度呀。我再问：凭什么说美国就一定自由呢？他回答：你不知道自由女神在美国呀。我笑道：大家都知道美国有个自由女神像，之所以修建得那么高大，是因为她也是个虚构的宣传品。

韩国产品处处用美丽说话，就连韩国菜都以美丽为最大卖点。

英国的客户非要让我陪同去广州吃大餐。一路上他不停地说自己喜欢中国商品，要把我们的专卖店开到英国去。我问他：为什么喜欢中国商品？他回答：廉价，非常廉价！我再问：为什么说中国商品廉价呢？他笑道：你看那些横穿马路的人，难道他们的命都不值钱吗？中国商品廉价，都不需要做广告。

美国产品处处体现自由，从某种程度上讲这只手托起的是美国经济。

这几十年，中国发展得的确很快，政治、经济、教育、军事、科技、卫生……方方面面我们都不比别人差，都有亮点，却唯独差在国家文化上。我不赞同那个英国人，但是他真的看到了一些问题。国家的竞争在很大程度上是文化的竞争，企业、产品的竞争也是一样的道理。

中国产品处处表白廉价，以服装、鞋类、小家电产品最突出，广告标语雷人。

2009 年 9 月 13 日，在上海的地铁上，我遇到两个背书包的小学生在争论：到底是中国的火箭先进，还是日本的火箭先进。他们提到了杨利伟、两弹一星、日本大型运输火箭、机器人等等，最后得出的结论是：日本的火箭先进。引得周围的人一串笑声。这笑声的背后，也许应该是苦涩的……

我们一起来分析：为什么大家都喜欢日本商品？因为日本商品科技含量高。为什么大家都认为日本商品科技含量高？因为“科技”是日本的国家文化，在这种文化的笼罩下，所有的日本商品都标榜自己的科技含量高。日本车省油就不再是因为铁皮薄、车体重量轻，而是因为科技含量高了。同样的道理，日本大米科技含量高，日本服装科技含量高，日本牙刷都成了高科技产品，日本人打个喷嚏都是高科技喷嚏。这是国家文化传递到了产品文化上，国家的卖点成为产品的卖点。“二战”过后，日本政府花了 60 多年时间来打造自己的国家文化——科技，通过所有的途径来宣传自己的国家文化，电视、电影、报刊、建筑、产品……“科技”也成为日本官方使用频率最高的外交词汇。功夫不负有心人，科技成为日本国、日本人、日本产品的华丽外套。其实很多时候，这件华丽的外套只是个宣传品。

现在，我们终于认清了日本的国家文化是“科技”，日本商品的最大卖点是“科技”，科技成为日本最大的财富。一旦失去这种文化，日本商品将不堪一击，种种缺陷就会真实地暴露出来，日本车省油的真实原因就是车体自重轻，这是非常不安全的，而且会增加汽车的维护成本。

同样的道理，韩国的国家文化是什么？美国的国家文化是什么？德国的国家文化是什么？法国的国家文化是什么？瑞士的国家文化是什么？大家就应该分析得出来了。这些国家的产品，为什么能够吸引消费者？产品最大的卖点是什么？大家也就都能分析出来了。

好了，我现在抛出一个问题问大家，中国的国家文化是什么？中国的产品文化是什么？消费者为什么购买中国的产品？“海尔”是中国为数不多走向世界的品牌，我请问大家，在美国人、欧洲人眼中，海尔的最大卖点是什么？不用我说了吧……

伟大的中华民族，浩瀚的华夏文明，人类文化的播种者，我们从来没有断裂过文化，缺失过文明。可是我们的国家文化是什么呢？我们的产品又何以立足于世？

和谐……

和谐号、创建和谐社会、和谐社区、和谐是第一生产力、和谐是中华民族的宝贵财富……

广州打出和谐亚运，弘扬和谐主题文化。如果把广州亚运会看做一件产品的话，这件产品最大的卖点就是——和谐。

和谐就是我们的国家文化，国家的最大亮点。我们现在要做的就是将和谐文化融入到我们的企业当中去，融入到品牌推广当中去，融入到我们的产品当中去，使和谐成为产品的最大卖点。

作为商人，我们以后可以不用卖产品了，我们卖文化、卖和谐。和谐才是中国产品持久的核心竞争力。我们要告诉顾客，我们的产品是中国货，所以最和谐。2010 年，广州亚运会就充分理解了这一点，告诉全世界的来宾——和谐广州、和谐亚运。亚运会也是产品，为了体现产品的和谐，广州市政府又提出了和谐建市、和谐人文、和谐交通、和谐社区……

那么，和谐的产品应该具备哪些特征，不和谐的产品如何改造

广州某小学举行的“迎亚运 构和谐”主题活动。

成为和谐的产品，大家可以参加我们组织的专题培训课程，我们也将在本书中做详细解读。我们也准备再出版专著来系统阐述产品的和谐。

二、营销那些事儿不堪回首

笔者今年已经36岁了，一直想生个孩子，男孩、女孩都一样。但是一直不敢生，因为实在是不忍心自己的孩子看着增高药、聪明药、送礼药、增白药、丰胸药的广告长大。不想让宝宝受到“黑五类”广告的毒害，更不想让宝宝喝掺有三聚氰胺的奶粉长大。“等社

应该反思“聪明药”和谐吗？不和谐的产品和产品宣传败坏了社会风气。

会再和谐些，咱们再要个孩子吧！”老婆哭闹的时候，我总是这样安慰她。

我痛恨这些广告，因为这些营销手法不和谐。创造这些广告的人，也一样痛恨这些广告。前不久，在网络上看到一篇广告人的忏悔书，特摘录给大家——

为我从事的广告业忏悔

我是做时尚产品广告的，这个职业没有让我发财，但至少让我节约了很多不必要的开支，少上了广告的当。

广告的目的是帮助商人将他们的产品卖出去，多卖钱，于是我们做广告的就发挥想象力来杜撰时尚，大到珠宝首饰，小到丝袜内衣。这样的事情干多了，心里日渐有了负罪感，我必须忏悔，对我所从事的工作予以彻底地清算。

我们销售时尚产品的客户常常会和我们讨论产品的定位问题。所谓定位就是打算将产品卖给谁，得出的结论是，时尚产品的定位无外乎就是两类人：一类是有钱人，另一类是赶时髦的小青年。倘若我们的产品先打动了他们，诱使他们花大价钱穿戴在身上，又上街招摇过市，我们的目的就达到了。随后而来的跟风者就成了无穷无尽的财富源泉。

例如打造服装，我们会给它起个谁也看不明白、本身也没啥意义的牌子，再找个形象代言人，拍摄电视广告片和平面形象，印刷招贴画，再向市场推广。这里需要注意的是，通常还必须给这种服装杜撰一个洋身世，尽管它就是在开发区的一个小作坊、由廉价劳动力生产的。这就是所谓时尚，得到了广大消费者的认可。不久前看到这样一个故事：一个生产皮鞋的浙江老板在广告里写道：他把他生产的皮鞋送到一个意大利皮鞋“大师”处，该“大师”看完以后说，这鞋打99分，剩下一分，是因为没有意大利的味道。真是耸人听闻，这个浙江老板无非是想跟意大利沾个边儿。我当然不是想得罪国内的皮鞋生产商，只是感慨一下人们从心理上需要一个意大利鞋匠的抚慰。意大利的鞋匠和中国浙江的鞋匠能有什么区别呢？但人家意大利的就是时尚。

有些化妆品号称是专为亚洲女性设计的。其实，在我的工作经历中遇到很多这样的情况，产品早就生产出来了，谁买就是给谁设计的，用行话来说叫找卖点，有些是广告公司给杜撰的，有些是客户自己早就想好了。

在这个行业里，时尚是狼狈为奸的，为了欺骗你的视觉，就有了平面作品；为了欺骗你的耳朵，就有了音乐包装；为了欺骗你的嗅觉，就有了香精厂。直到把你辛苦赚来的钱再赚走。

穿上“寸布寸金”的一条英国裙子，你绝不会变成捷妮或者安娜，你还是赵翠姑或者马秀芬。再说了，捷妮和安娜以及赵翠姑和马秀芬又能有什么区别呢？就看了一回广告，你就效仿她？

这折磨人的时尚广告真是不可理喻。

引用这篇文章，并不是因为它精彩，但至少反映了普通人的看法，而且真实。广告本应该是品牌的眼睛，产品的核心价值，核心文化，弘扬社会文化主旋律，促进社会和谐。可是再看看，充斥在

营养快线、营养伙伴、营养客栈，我到底应该给孩子喝哪个？山寨产品过多，形象包装雷同，非常不和谐。

我们周围的这些广告，它们除了教坏小孩，腐蚀成人，败坏社会风气，欺瞒消费者，然后就是为某些人敛聚了大量的个人所得，成了最没有文化的文化产业。

仔细想想，它们有没有为我们的国家文化贡献价值？有没有塑造起企业、品牌、产品的核心价值？有没有为了和谐社会贡献正面力量？它们只做了一件事情，就是窃取了消费者的钱包，消费者却没处说理去。

2009 年 8 月，我去山东出差，遇到在家具行业摸爬滚打很多年的经销商王先生—— 一位非常精明的成功商人。他跟我讲了个故事，很有时代特征。

2003 年秋天，房地产业蓬勃发展，在我们这个县城的家具专卖店生意比较红火。当时，县工商局盖了新宿舍楼，准备搬家。这对我们来说是个好事，卖大单的机会来了。很快，我发现工商局来我们这里买家具的只有三家，其他人反而往竞争对手的专卖店跑。当时我心里就犯嘀咕了，怎么会这样呢？我该通过什么方法把我的家具渗透进去呢？我跟老婆想了一个很好的点子，先在家里面演练了一段时间，最后我们成功实施了。

我们商量好以后，我让老婆去工商局交管理费，交完后故意把包丢在柜台上面。工商局的一个人使劲问："谁的包，谁的包包丢了？"我老婆装着没听见，跑了。

第二天上午，我们气喘吁吁地跑到工商局："同志，有事情麻烦一下，昨天我们来交工商管理费的时候，丢了一个包，不知道你们看见没有？包里面有 300 元现金，还有化肥厂、实验小学、县政府跟我们团购家具的合同，这些合同对我们很重要，300 块钱可以不要，关键是要把合同找回来。"工商局的人说："小伙子以后注意一点，这个东西丢在我们这里算你走运，要是丢在其他地方，人家会还给你吗？我们是人民公仆，不要你的钱，这是我们该尽到的义务。"

我们千恩万谢地走了。后来，我们从村里请了几个老头，敲锣打鼓地给工商局送锦旗，大大的锦旗上面写道：××家具专卖店赠送。由于锣声响亮，惊动了工商局所有领导，过来询问情况。领导一听是送锦旗的来了，欢迎、欢喜。领导最平易近人了，给老头们又递烟，又端茶，老头们受宠若惊，从来没有抽过这么好的烟。锦旗挂在大厅里面正中间的位置，广告效果应该是相当不错了……？

星期六，工商局的人就来看家具，走到我们专卖店门口，起码会看一下，因为有印象啊。这还不够，还必须再深入了解一下。我们就给前期订我们家具的三家顾客打电话，告诉他们：前几天你们订的家具，根据我们公司的政策降价了，“降价那部分钱全部退还给您，而且还要送给您奖品，奖品送到家里”。这三家顾客当然高兴坏了，结果他们在办公室就传开了：××家具专卖店就是正规，比海尔都正规，海尔产品降价都没有退钱。

我又听说下个周末是他们最后一次订货机会，工商局安排了统一入住，必须要办完。周末，我找来一帮同学，来做“托儿”。这个“托儿”很重要，给他先写好单子，只要看到专卖店进来工商局的人，就进去说：“王老板，我订的家具什么时候送货哟……谈着谈着，再进来一位同学：王老板，我订了18600元的家具，明天一定要给我送去，平时我没有空哦……”就这样找“托儿”制造热销场面。

光这一两句话还不行，我还让他们去竞争对手的店里也转转。只要看到竞争对手店里客人多，就进去搞搞破坏。等导购员上来迎接、打招呼的时候，就高声喊：我们已经集体订××家具了，工商局都是在那里订的，下次再来照顾你。顾客在一旁侧听，哪里还坐得住，就会转到我们的店里来。

就这样，工商局搬新家大半生意被我做了，卖了70多万元。我那些竞争对手，怎么都没有搞明白，都以为我在工商局有关系，对我是又恨又怕。

往事不堪回首，我们这代商人，是靠小聪明起家的，可谓是无商不“奸”、无商不“艰”，但是我现在很迷茫，因为小聪明只能帮我一时，帮不了一世。现在小聪明的时代过去了，真正的市场竞争来了，我们的路在哪里呢？我们自己要成为和谐的人，选择和谐的产品，培养和谐的导购员、业务员，采用和谐的营销手段，服务和谐的顾客呢。

“六一”儿童节促销竟然表演生吞活蛇，这些不择手段的促销活动毫无文化观念，非常不和谐。

三、什么是和谐营销

2004年，十六届四中全会做出的《中共中央关于加强党的执政能力建设的决定》首次提出了“构建社会主义和谐社会”的概念。这是以胡锦涛同志为总书记的党中央提出的重大战略决策，也是中国政府首次认识到我们要塑造国家文化。任何国家，任何企业，任何品牌，任何产品，只有文化强大了，才能真正强大。

和谐营销的概念是在2004年后才开始建立的。在国际地位上，与美国的自由营销、日本的科技营销、韩国的美丽营销、意大利的时尚营销是对等的。和谐营销的宗旨只有一个——任何人在拥有中国商品的同时拥有和谐，和谐成为中国商品的最大卖点。

为此，我们要让和谐深入到社会活动、企业经营的各个角落，让和谐成为一种习惯，成为中国人不离不弃的民族根本，以此屹立于世界民族之林。

有学者这样阐述和谐营销——

和谐营销是指在一定的制度及文化条件下，企业营销主体所进行的企业与自然、企业与社会群体之间协调发展的竞争博弈行为及过程。这一概念的基本含义是：

首先，和谐营销是企业营销主体的竞争博弈行为。和谐与竞争并不对立，企业的和谐营销是一种和谐的竞争，并且是在竞争博弈中实现的。和谐营销强调的是竞争中和谐地处理各种关系，争取“双赢”、“多赢”的格局，实现企业的持续发展。

其次，和谐营销是一定制度及文化约束下的反应性结果。行为是制度及文化的函数，现实的营销行为是对有关营销的制度及文化的调整或反应的结果。和谐营销行为是社会在具有公平竞争、诚信守约、环境友善等制度及文化的基础上，因这些制度和文化的约束、导向的结果。

再次，和谐营销的内容是协调发展企业与自然、企业与社会群体的相互关系。具体来说包括以下几个方面：和谐生态：企业的生产所采用的原材料不破坏自然资源，企业的生产过程不污染损害环境，实现副产品的循环利用。和谐组织：不仅强调企业内部员工的和谐，而且强调企业与供应链上其他利益相关者的和谐发展。和谐竞争：与竞争者展开的策略性行为有序进行，维护公平、公正、公开的市场秩序。和谐公众：在社会公众中树立良好形象，具有社会责任。和谐消费：从消费者的需求出发研发产品，保证消费者放心、舒心地进行消费。

最后，和谐营销是社会目标与企业目标有机统一的过程。制度及文化的约束并不扭曲竞争，通过制度及文化的规范，恰恰是要规制企业违背竞争的状况，促进有序的竞争格局。所以，和谐营销的过程显然是社会福利最大化与企业绩效最大化相统一的过程。

这样精辟的论述，笔者是望尘莫及了，到现在还没有完全领悟。引用这段话，希望有助于大家理解和谐营销。

和谐营销，处处和谐，讲起来很抽象，不容易理解，要把它讲清楚估计20万字都不够。最好能用具体的案例来说明，而一旦使用案例必定会带有行业特色，而且会走向片面，希望大家能够谅解。为了更好地理解和交流，我们一定要保持开放的心态，营销是相同的，所有的行业都遵循一样的规律。

案例一

广州著名品牌“壹号土猪肉”的送货员，一大清早就把猪肉送到了顾客的家门口。但是他不敲门，而是站在门口大声地喊：“501，壹号土猪肉两斤，501，壹号土猪肉两斤。”

一会儿，门开了，出来一位大姐，一脸的怒气：“你喊什么喊，你喊什么喊，这里不是501，这里是503，你没长眼睛啊？大清早影响人家睡觉，你要不要脸？”

送货员一脸堆笑：“对不起，非常抱歉，我走错门了。”

第二天，同一时间，同一地点：“501，壹号土猪肉两斤……”

大姐愤怒地打开门：“你又走错门了，你吼什么你吼。你来得比我们家的闹钟都准，下次你敢再来，我就放狗咬你。”

送货员一脸堆笑：“对不起，非常抱歉，我走错门了。”

第三天，同一时间，同一地点：“501，壹号土猪肉两斤……”

一位大哥开了门，开口就骂人：“你个混蛋，你到底要不要脸，昨天你在5楼喊，我都听见了，今天你竟然跑到我们4

楼来了。501在一单元，我们这里是二单元，你到底认不认识字啊?”

送货员一脸堆笑：“对不起，非常抱歉，我走错门了。实在是对不起，我马上走。”

一个星期过后，奇怪的事情发生了，整栋楼88家住户，都开始指定购买广州“壹号土猪肉”的产品。原来，“壹号土猪肉”的送货员也是推销员，还不是一般的推销员，而是厚脸皮推销员，且拥有大学本科以上学历。“壹号土猪肉”的推销员有一句名言：脸皮老厚是荣誉，彻底绝望是成就，保持微笑是利润，尊重顾客是关键。这一样是和谐营销，顾客最关注的是结果，而这个结果很和谐，顾客很满意。

这是和谐营销的售前、售后管理。

广州某菜市场“壹号土猪肉”专卖店，服务至上体现出和谐。

案例二

“流行美”是做小女生头饰专卖店的。“流行美”的顾客都是新婚女士，或者小女生，“流行美”的导购员也全部都是年轻女孩儿，很漂亮、很清纯的那种。“流行美”有严格的规定：导购员绝不允许主动跟男顾客打招呼。所有导购员禁止看男顾客，就算是刘德华亲临现场都不准看，眼睛只准盯着女顾客看。必须主动避开男顾客的视线，不得与男顾客产生目光对视，特别是陪女顾客来的男顾客。大家要是不相信，可以去“流行美”试试看，这就叫和谐营销，从每一个细节体现出对顾客的尊重，让顾客没有后顾之忧。

这是和谐营销的售中管理。

“流行美”发饰重庆某地专卖店，人性化的店面管理体现出和谐。

案例三

夫妻俩来到家具专卖店买床，老婆看上一套贵的，老公看上一套便宜的，作为导购员你是该给顾客推荐贵的，还是便宜的？那就要看谁做主，上海人一般都是女士做主，广东人一般都是男士做主。如果两个人都能做主呢？那就采用中庸主义，再推荐一款不便宜、也不贵的产品给他们，并让他们恍然大悟，这套才是最适合的。千万不要为了自己多赚钱，就推荐贵的给顾客，只有合适的才是最好的，而合适就是一种和谐。什么叫不和谐呢？比如老公一直都听老婆的话，突然在购买家具的时候不听话了，这叫不和谐。老婆要买贵的，老公要买便宜的，双方争执不下，就是不和谐，导购员偏向任何一边都是不和谐，所以导购员只能站在中间，并为夫妻双方找到大家都能接受的条件。比如老公说板式家具好，老婆说实木家具好，双方争执不下，导购员最好就说板木结合的好。

那么，如何来区分一组顾客到底谁做主呢？其实很简单，不能做主的顾客在看完产品之后会本能地看着能做主的顾客，不能做主的顾客总是时刻关注着能做主的顾客，他的眼睛会不时地瞟一眼能做主的顾客，而能做主的顾客很少看不能做主的顾客。在一群人中，能做主的那个人一定是大家的视觉中心，由此就能判断出谁能做主。如果没有视觉中心，那就是谁都能做主，或者谁都做不了主。和谐营销就应该这样人性化。

这是和谐营销的人性管理。

北京某美式家具专卖店，丰富的软装、饰品体现出和谐。

案例四

一家真皮沙发专卖店，沙发非常漂亮，女导购员也漂亮。一天，来了位顾客问导购员：“你这沙发多少钱?”

小姑娘也真敢开价：“9.8万元，现在做活动可以打八折，价格很实惠，8万元不到就可以搬回家。”

“啊！什么沙发就卖8万元?”

“承蒙您的夸奖，我们的沙发是厚皮的，纯牛皮沙发，质地非常好。”

“什么牛皮?”

“来自内蒙古大草原的中国牛皮，蒙古族人是非常爱护牛的，这些牛从小喝牛奶长大，家庭关系非常和谐。内蒙古是一代天骄成吉思汗的故乡，那里阳光充足，自然生态特别好。我们选用的都是成年公牛牛背上的头层皮，采用了蒙古民族传统的制皮工艺，纯手工打造。您要是仔细看的话，牛皮上面还有轻微的自然划伤，那是一种残缺美，一种原生态，是公牛与野狼搏斗留下的印记。这种沙发经久耐用，而且是独一无二的艺术收藏品。”

大家看看，语言多么优美，牛的日子过得比人都好，喝的牛奶都不含三聚氰胺，还是艺术收藏品。结果没想到顾客说：“你以为我没有养过牛啊！一头牛才多少钱呀。我们算一笔账，一头牛算它1吨重，杀了卖牛肉顶多2万块，煮一大锅牛骨头汤喝，顶多2000块，最后剩下最不值钱的是什么？牛皮呀。有没有搞错，牛皮沙发也卖8万块，你抢钱啊!”

导购员一下子懵了，越想越觉得顾客说得有道理，不知道如何回答顾客。这个时候店长走过来了：“先生，认识您非常

上海某真皮沙发专卖店，生动的导购语言，体现出和谐。

荣幸，我们都认同您的说法，您非常懂生活，是我们学习的榜样。其实很多顾客也提出过同样的疑问。正所谓贵人用贵物，沙发是摆放在客厅的，最能反映主人的生活品位，衬托出主人的儒雅。像您这样富足、和谐，有气质、有内涵的顾客，您说回家是坐在沙发上舒服呢，还是骑在牛背上舒服呢？”听得顾客哈哈大笑……和谐营销要达到的就是这种效果。

这是和谐营销的文化管理。

案例五

王先生因公务经常出差泰国，并下榻在东方饭店，第一次入住时良好的饭店环境和服务就给他留下了深刻的印象，当他第二次入住时几个细节更使他对饭店的好感迅速升级。

那天早上，在他走出房门准备去餐厅的时候，楼层服务生恭敬地问道：王先生是要用早餐吗？王先生很奇怪，反问：你怎么知道我姓王？服务生说：我们饭店规定，晚上要背熟所有客人的姓名。这令王先生大吃一惊，因为他频繁往返世界各地，入住过无数高级酒店，但这种情况还是第一次碰到。王先生高兴地乘电梯下到餐厅所在的楼层，刚刚走出电梯门，餐厅的服务生就说：王先生，里面请。王先生更加疑惑，因为服务生并没有看到他的房卡，就问：你知道我姓王？服务生回答：上面的电话刚刚打下来，说您已经下楼了。如此高的效率让王先生再次大吃一惊。

王先生刚走到餐厅，服务小姐微笑着问：王先生还是老位子吗？王先生的惊讶再次升级，心想尽管我不是第一次在这里吃饭，但最近的一次也有一年多了，难道这里的服务小姐记忆力那么好？看到王先生惊讶的目光，服务小姐主动解释说：我刚刚查过电脑记录，您在去年的6月8日在靠近第二个窗口的位子上用过早餐。王先生听后兴奋地说：老位子，老位子！小姐接着问：老菜单？一个三明治，一杯咖啡，一个鸡蛋？王先生已经不再惊讶了：老菜单，就要老菜单。

后来，由于业务调整的关系，王先生再也没有时间去泰国。在王先生生日的时候，突然收到了一封东方饭店发来的生日贺卡，里面还附了一封短信，内容是：亲爱的王先生，您已经有三年没有来我们这里了，我们全体人员都非常想念您，希望能再次见到您。今天是您的生日，祝您生日愉快。王先生感动了，发誓如果再去泰国，绝对不会到任何其他的饭店，一定要住在东方饭店，而且要说服所有的朋友也像他一样选择。

这就是和谐营销的客户管理。

泰国东方饭店，无微不至的客户管理，体现出和谐。

案例就谈到这里吧，不然这本书就写不完了，我们的重点是讲和谐导购。在和谐营销的理解和运用上，这些案例都是我们的良师益友。中国的和谐营销到目前才 5 岁，日本的科技营销已经 60 岁了，美国的自由营销已经 200 岁了，和谐营销还有很长的路要走……

[illegible]

[illegible]

[illegible]……200 多年……[illegible]

第二章 和谐导购

销售都是相通的，学会了卖家具，你就学会了卖车、服装、餐饮、电器……销售没有秘密，就看你能不能正确地理解和谐，创造和谐，运用和谐。本章我们一起分享和谐导购。请注意，下面的导购案例要结合第三章“和谐导购详解”，才能看明白。

我们即将简述一个店面导购典型案例。时间是2009年7月3日，星期五。地点是北京市居然之家家居商场，××青少年儿童家具专卖店，面积270平方米，经营儿童色彩家具、青少年韩式家具、床垫、床上用品、装饰品、小玩具，以销售卧室套房家具为主。店长：小蒙，32岁，10年工龄，导购经验丰富，孩子上小学二年级。主力导购：小红，23岁，5年工龄，导购经验丰富，刚刚结婚，没有小孩。实习导购：小雪、冰冰，20岁，刚加入团队，两人都未婚。这天下午1:20分，小红在前门站位迎客，小雪在后门

跟顾客第一次打招呼，形象比语言更加重要。为了提高自己的亲和力、引起顾客的兴趣，北京A家居连锁的导购员肩上都佩戴了小学生的徽章。

站位迎客，冰冰在店内给老客户打电话回访，小蒙店长在指导冰冰工作。专卖店的人员结构、管理技巧、培养模式在之前出版的《家具专卖店管理三要素》、《家具导购六要素》两书中已有详细的阐述。

这时从前门过来两位客人，一男一女，30 出头，估计是夫妻，初步估计是给孩子买家具来了，但是不能肯定，于是小红迎了上去……

一、跟进寒暄拉近距离并强调核心优势

您好，欢迎光临××专卖店……

我们是专业做新古典韩式年轻家具和装饰品的。韩式家具被誉为最优雅、最美丽的家具，非常的和谐，它已经流行了 200 多年的历史了，源自法国的路易十六宫廷家具风格，路易十六宫廷家具风格又是我们传统明式家具的孙女，您一会儿能观察到家具的诸多中国元素，中国元素是最和谐的，给人恋家的感觉。而且我们的韩式家具还有一个非常显著的特征，就是采用了国际最流行的板木结合工艺。

导购员要找准机会与顾客产生身体接触，
比如在上下台阶的时候，搀扶顾客。

您到这边来体验一下（导）……

您小心台阶（扶）……

正如您现在所看到的（打开衣柜）……

高档的美式、欧式家具，无论是深色还是白色，都是像这样板木结合的。

二、介绍产品并启发需求

卖点之一：板木结合

打开衣柜，您有没有闻到淡淡的清香味道……这种味道不是香水，也不是樟脑丸，香味来自我们的衣通和衣托（摸），这种木材是美国进口的小叶香樟，它的香味非常优雅、持久……您摸摸看（给）……闻一闻……这种香气很自然，而且有药用功效，可以防虫防蛀，有了它衣柜里面就不用放置樟脑丸了。放樟脑丸的衣服，穿在身上会很臭，不高雅，而且化学成分长期吸入，对身体是有害的，所以还是这种纯天然樟木好。这种木材还很坚韧，金属衣架不易剐花它，抚摸起来也不粘手，没有毛刺，很安全，可以永久使用。这是好东西哦，但是香樟木不能用太多，多了味道就大了……要恰到好处，对（看顾客，肯定顾客）……

您注意看衣柜的层板，一看便知道这是松木对吧，我们的层板、背板都是松木做的。松木层板有一个好处，就是质地柔软，因为松木是属于软木嘛，呵呵……软木有一个很大的缺点就是密度低，重量很轻，而且用手指甲一划就是一道痕迹，一抠就是一个洞，我抠给您看（抠）……您也来划一下试试（划）……是不是很软啊。正是因为它软，我们才用来做衣柜的层板。您是知道的呀，家里高档的衣服都是真丝的、纯棉的、皮毛的，最怕被剐花起毛、起球。松木层板柔软、不起毛刺，有利于保护衣物，不会剐伤衣物。特别是家里有孩子，孩子皮肤太嫩，动作又快，很容易被剐伤，在开衣柜取衣服的时候也容易被撞到，所以层板肯定是松木的好。

您再看我们的衣柜背板采用的是俄罗斯樟子松，它的力学传导性能很好，受力均匀，而且是采用 12 毫米厚的加厚整体背板，而别人用的都是 4 毫米厚的插入式背板，我们的背板要比别人的厚整整 3 倍（比画），这是为了加强衣柜的稳固性，您晃动一下我们的衣柜看看，是不是一动不动，稳如泰山，呵呵……家里有孩子的话，衣柜的稳定性非常重要，因为孩子会用衣柜来躲猫猫，玩儿游戏，而全国每年都会发生衣柜垮塌、砸伤儿童的事故，“砰……”的一声就塌了（比画），所以厚背板很重要。而且厚的背板还有一个好处就是，可以反复拆装，不影响使用，薄的背板用一次就废了。保不齐您哪天换了别墅，还得乔迁新居对吧，家具要能拆才行啊，对吧，呵呵……

但是，我们的衣柜门板没有采用松木来做，因为松木太软了，孩子又比较淘气，不小心用东西撞一下衣柜门板就会有一个坑，孩子不像大人呀，喜欢运动，爱瞎折腾，每天都在房间里面“砰砰砰”（用转椅撞击衣柜门板）……衣柜门板就坏掉了呀……用手划

导购员丰富的语言和动作、夸张的表情，使得讲解生动形象、引人入胜。

一下就是一道痕迹，而且松木面板容易掉漆、变黑，还会严重变形，用不了半年就会坑坑洼洼，很难看。所以我们采用了实木浆板来做衣柜门板，很多小厂家用普通的中纤板来做，一样达不到要求的呀。普通中纤板60元一块都买得到，我们是120元一张，这种实木浆板是把实木放到200度高温、200吨的高压环境下挤压出来的，密度更高，防撞防剐（撞）……在一般性撞击下不会遭到破坏，而且您看它表面细腻光滑，容易做各种造型，线条非常的细腻、优美（摸）……

您再看我们的抽屉侧板都是采用的松木，抽屉底板采用的是梧桐木。主要是因为梧桐木的寓意特别好，因为梧桐是中国传统的发财树，俗话说得好，种得梧桐树，引来金凤凰呀。用它来存放您家里的金银珠宝、玉器首饰啊，是最适合的啦……（顾客：家里哪有什么金银珠宝哦……）谁说没有呀，孩子就是宝呀……孩子多大了？（顾客：10岁了。）男孩儿、女孩儿？（顾客：女孩儿。）女孩儿就更是宝贝了，我也想得个宝贝女儿，女孩儿好呀，小棉袄呀！您真是太有福气了，呵呵呵……我叫小红，很高兴认识您……宝贝叫什么名字呀……多好听的名字呀，呵呵呵……

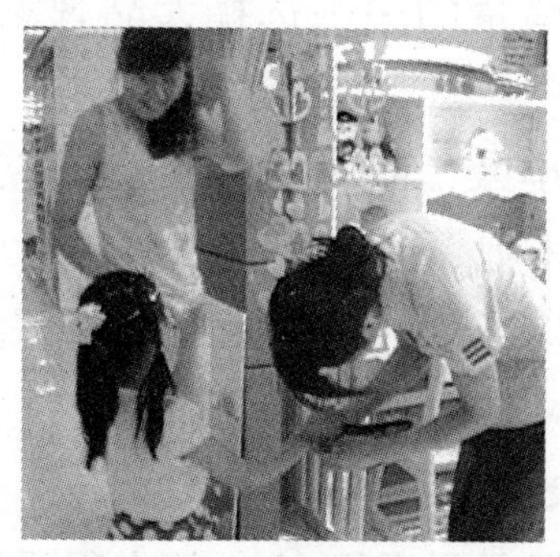

顾客经常都有带孩子来专卖店，如何逗孩子开心，是导购员的必备技能。顾客如果没带孩子来，如何逗大人开心，一样是必备技能。

刚刚我们谈到了板木结合，我们用到的木材，有软木也有硬木，硬木要比软木贵很多。什么是软木呢，比如松木、杉木。什么是硬木呢，比如红木就是硬木，香樟木也是硬木，橡木也是硬木，像我们的衣柜、书台、床体框架部分、柱体部分（指示），用的都是从美国进口的橡木，就和红木一样，坚硬、有力，而且从美国进口橡木很便宜。因为恐怖头子本·拉登老是扬言要火烧美国的森林，所以美国人干脆把树都砍了卖了，反正他们的森林覆盖率过高，容易起火，对吧（顾客：哈哈哈）……

科学研究表明，家具还是多材质板木结合的最好，对吧……您看我们用到了香樟木、松木、梧桐木、美国橡木和实木浆板（掰手指头）……这就叫板木结合。而且还有一点要告诉您，由于我们的家具实木用量比较多，而木材都会有开裂、变形的情况，这是在所难免的。木材由于产地的不同、成材年轮的不同、树种的不同，它的含水率是不一样的，特别是像我们这个地方冬天冷、夏天热、温差大，而且越是采光通风好的房间户型，对家具的考验越大，所以您在使用的时候，会发现家具可能会开裂、变形。不过您不用担心，我们会为您调换的，真的，呵呵……直到给您调换到不开裂为止，木质家具一般有一年的磨合期，渡过了磨合期，适应了家里的温度、湿度，第二年就不会开裂了。您放心，相关服务承诺，我们会在订单上面给您写清楚的……选择大品牌家具，您会省心很多，呵呵……

您房子选在哪个小区？哇……您可真讲究，万科星园的高层，得2万多元一个平方米吧，您是大老板，您太有钱了……给孩子选家具是吧……您太有生活了，跟太太一起选好家具，然后回家给孩子一个惊喜，呵呵……真幸福呀……

卖点之二：家具之色

儿童家具健康环保是最重要的。其中很重要的一个方面是家具的颜色环保，比如中老年家具颜色比较深，当然这也取决于个人的心态了，呵呵……儿童家具一定要以浅色、彩色为最适合，色彩家具更符合孩子的心理特征。我们的家具颜色是很丰富的，白色优雅宁静，蓝色细腻端庄，红色浪漫激情，粉色稚气高贵，橙色志趣伶俐。不同的性格和年龄适合不同的颜色，一定不可以搞错哦……比如上周万科金色家园的赵小姐为孩子选择了这套蓝色家具……。男孩儿，10 岁，已经上小学四年级了，调皮得不得了，刚到我们店里就摔坏了门口的花瓶……妈妈希望孩子在家的时候能够安静一点，于是就非要这套蓝色的。其实他妈妈说得很对，蓝色能够让调皮的男孩儿安静下来，这样在性格上有一种互补作用。比如，长途货运汽车的颜色肯定是蓝色的，因为蓝色能够有助于司机保持冷静，集中注意力，这样就更安全。孩子也是一样的道理，科学家做过实验，在蓝色的房间里面，能够集中注意力，孩子的学习能力会加强，特别是现在的孩子学习压力还是蛮大的，蓝色的家具对孩子是一种帮助，对……

您孩子在哪儿上学？（顾客：实验小学）实验小学好呀！了不起，那所学校出了很多名人呀！去年的文科高考状元，也是出自这所学校呀！上个月八一建军节，实验小学的合唱团还和我们一起去做过慰问演出呢。真幸福呀，还是女孩儿好呀，妈妈的小棉袄呀，有爱心、有孝心、特别懂事……

我们这家店开了 7 年了，前不久加州花园的一位顾客，告诉我说他家的孩子上小学时用我们的一款橙色上下床，今年保送科技大学，去大学参观，发现宿舍的床还是这种床，也是我们的产品，高兴得不得了，好像回家了一样，嗯……

我们的家具是可以自由换色的，您喜欢什么颜色就给你做什么颜色，但是有一种颜色不能换，就是木本色。您看，就是衣柜里面的这种木头本来的颜色，不能够做到衣柜外面来。因为科学研究表明，木本色家具太阴冷、太昏暗、太湿润、太沉重，适合老年人使用，不适合年轻人使用，更不适合孩子使用，阳光的色彩、纯净的色彩才能有助于孩子更加阳光、纯净。所以我们常说，家具是有品德的、有性格的，而且分性别的。比如男孩子就不适合用粉色的家具，女孩子就不适合造型太刚直的家具对吧，呵呵……

这就是家具颜色的一些特性。总之，孩子的家具马虎不得，颜色和造型特别重要，也是我们家长最应该关注的，您说对吧……

导购员为顾客讲解正确的选色观念，提升顾客的消费理念，塑造顾客的买点。

卖点之三：家具之“活”

房子装修到啥程度了呀？（顾客：快完工了。）哦……准备啥时候入住呀？左邻右舍是不是都在叮叮当当的装修呀？万科星园小区的入住率高吗？物业有没有统一大家的入住时间呀？那到了定家具的时候了。其实，很多顾客都是在装修前就把家具定好了，买完房子马上就买家具了，甚至家具比房子还先预订。这样可以根据家具的尺寸啊、样式呀来适度修改房间的格局和软装搭配效果。您现在房间已经装修了，那就一定要选择灵活的家具。刚好，我们的家具就为您想到了这点。我们的家具是“活”的（提高音量），这是第三大卖点，可以满足您的定做要求……

您看我们的床有 1.0 米、1.2 米、1.35 米、1.5 米、1.8 米五种宽度，1.9 米、2.0 米两种长度。有抽屉床、排骨架、高箱床、子母床四种结构。您是喜欢抽屉床还是排骨架？对……其实孩子的床还是选择抽屉床最好，这种结构最稳定，孩子正是活泼好动的时候，睡觉不老实的对吧。很多顾客讲，男孩子在梦中还在学李小龙“啪啪啪”（大声大动作）……打拳呢，呵呵……！而且睡觉前还会在床上连蹦带跳、鲤鱼打挺。女孩儿也一样，您还不知道，中学体育女生要学习头手倒立，小学体育要求孩子每天完成50个仰卧起坐，这些运动都是要求孩子在睡觉前完成的。特别是现在的学校都有形体课，要练习瑜伽的，所以一张又大又结实的床对孩子非常重要。科学研究表明，晚上锻炼身体最适合，早上并不适合锻炼身体。您在我们的床上跳跳试试看（跪跳），看看我们的床会不会晃动，这样的床才能给孩子用。

您再看我们的衣柜，有两门、整体三门、整体四门，门板有开门的也有趟门的。结构有通体门的，也有下面带抽屉的，还有带镜子的，衣柜上面和侧面还可以加装饰框，衣柜里面还可以加裤架、暗柜，在搭配选择上是十分自由的，呵呵……您看我们的衣柜层板也都是可以调节高度的，孩子小的时候层板的高度就要低，然后孩子长高，层板也长高对吧……这边放孩子的小衣服，这边悬挂风衣、长裙、唐装、旗袍、晚礼服都是很方便的，衣柜里面的小抽屉也相当多，实用性是足够大的，家里的金银珠宝也都放得下对吧，呵呵……

您再看我们的书台，那就更灵活了。长度从0.8~1.6米全部都有，造型也相当的丰富，有直角的、转角的、翘角（侧坐）的，书台下面有带活动条柜的、抽屉副柜的、电脑主机柜的、各种造型五

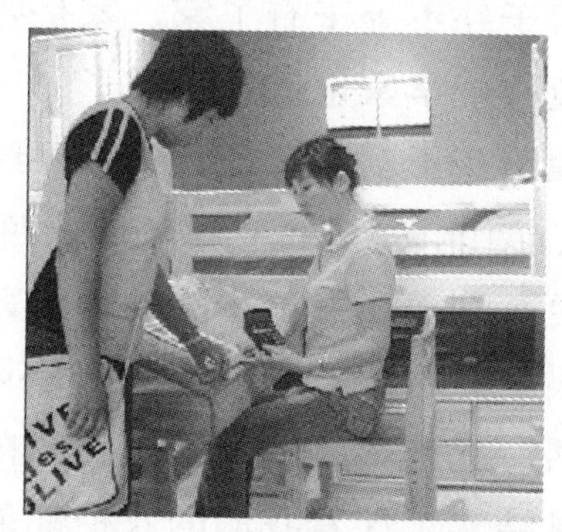

导购员一边讲解产品，一边示范给顾客看，一边引导顾客也来体验一下，加深感受。

金脚的，应有尽有。书架有趟门的、开门的、不带门的，长的短的，能自由搭配。书柜单门、双门、三门全部都有，而且您在选购我们产品的时候，可以只选择柜身，不选择门板和抽屉都是可以的，这样价格就很灵活。很多不需要的部件和功能您可以不选择，这样价格就更实惠了，呵呵……

您现在看到的这整套家具价值 16800 元，绝对是物有所值的……今天刚好是 7 周年庆典，从来没有过的最低折扣，价格非常的实惠，打八折，折后价格才 13440 万元，很实惠吧……

（顾客：啊！这么贵呀。）嗯……我理解您的意思，很多顾客都认为我们的家具贵，这也正是顾客选择我们的理由。我们的品牌不是靠价格取胜的，而是靠我们的专业精神、优质服务和我们对顾客需求的理解。您看，我们的家具是“活”的，不但可以灵活地搭配组合选购，更可以灵活地使用。科学研究表明，孩子的房间，一定要活，这个“活”是灵活、运动的意思。

很多顾客反映，孩子有吃零食的习惯，而且喜欢睡觉前吃，一边做作业一边吃，几个小朋友打打闹闹地吃。这就会有一个问题，就是房间的角落会留下食物残渣，所以需要定时打扫，至少三个月要来个大扫除对吧，不然会吸引蟑螂、蚂蚁的。要大扫除当然就需要挪动一下家具，所以家具一定要能够动起来、换方位，要活，不能固定死了。买了房子并不等于有了家，家是要精心呵护、经常折腾的，呵呵……儿童心理学家也认为，孩子的房间要经常变换家具的摆放方位，不断地给孩子新鲜感，特别是要经常变化睡觉时头部的朝向，因为地球有南北磁场，太阳有东升西落。变换房间的格局、睡觉的朝向，更有利于激发孩子的动手能力、学习兴趣以及形象思维能力，这是很重要的，这也要求家具一定要“活”……

为了让家具“活”起来，方便搬运，我们在产品上做了很多的努力。首先是要家具结实，您看我们的衣柜都采用了加厚背板（指示），床都加了可以换方向的抽屉（指示），床身与床头采用双排五合一连接件（指示），书台后面都加了连接背板（指示），确保家具足够安全。这些都是关键要素，您去对比一下小厂家的产品、那些仿冒产品是没有的、不安全的……

而且，为了减轻家具搬动的重量，比如衣柜的门板需要拆卸下来，搬动到新位置以后再安装上，普通的家具采用的是尖头木螺丝（展示）连接，直接把螺丝上到木板上，只能够拆装1次，因为木头是斗不过金属的，拆装几次木头就坏掉了，咬不住螺丝了……这样的家具使用起来会摇晃，是很不安全的。而我们的家具是不一样的，我们采用了预埋五金件（指示）设计，平头螺丝（展示）连接，实现了金属与金属连接，可以反复拆装20次以上都没有问题。所以，您在选择家具的时候，一定要选择“活”的家具。

还有，很多妈妈心疼孩子，专门为孩子的房间打了衣柜，把整个房间的一面墙做成衣柜，其实恰恰搞错了，打的衣柜是无法搬动的，而且衣柜一打，房间的格局就被定死了，这对孩子是不好的。您说对吧……家具还是“活”的好呀……（三个卖点讲完，确保顾客已经浏览了卖场一遍，对产品已经建立了初步印象。）

导购员打开衣柜门，详细地讲解产品构造，突出家具之“活”的重要性。

三、辨别顾客的真实想法和需求

卖点之四：房间设计

家具在房间的摆放是非常重要的，要讲科学。孩子房间是长方形的还是正方形的？长多少宽多少？有一个门还是两个门？落地窗还是飘窗？窗户朝东还是朝西？哟……紫气东来呀，呵呵……这样的户型很好呀，家具很好摆放，我们一起来设计一下……

房间很宽敞，至少有 3 种摆法都很适合。首先可以将床头朝北边，这叫坐北面南，有帝王之气，呵呵！喜欢 1.5 米床还是 1.2 米床？是是是……我赞同您的意见，床还是 1.5 米的好，能从小学用到大学。您选抽屉床箱还是排骨架？对对对……抽屉多当然最好。摆一个床头柜还是两个床头柜？衣柜要二门的还是三门的？组合书台呢，您看这种 1.2 米的转角和这种 1.4 米的直角书台都很适合，你更趋向于哪一种？好的……好的……这样我们就把大件产品确定下来了，当然还可以添加沙发、地柜、衣帽架、衣柜附架、地毯、挂画等小件，空间利用很充分，而且不显得拥挤……现在，我们可以放心了，家具绝对是适合房间的，对吧……（设计摆场的过程就是确定产品的过程，先确定大件产品，不要急着确定小件产品。）

您到这里坐会儿……，我们有很专业的设计软件，帮你设计一下……第二种摆放法，床头还可以朝西……（初步确定好产品以后，才可以用设计软件为顾客演示，不要急着使用设计软件，因为最好的软件是导购员而不是电脑。）

卖点之五：历史文化

家具摆放绝对没有问题，空间利用也很充分。就看您到底喜欢哪种文化，哪个款式，哪种颜色了。

房间家具摆放设计的作用是给予顾客一个结果，一种信心值和期望值。

您看这款韩式家具，诞生于1770年左右，英国的乔治王朝时期，它的设计者叫赫普尔怀特。赫普尔怀特是专门为英国皇室设计宫廷家具的。当时的家具非常注重优雅与和谐。它的典型特征是家具多采用这种线条装饰，而且不断地反复，不断地延续。家具设计得很精巧，比如衣柜有这种双顶和双底，衣柜门板装饰以小凹嵌线或者小凸嵌线，衣柜的门板中央有浅浮雕或者主题彩绘，这些全部都是纯手工制作的。这些彩绘全部都是画师一笔笔勾画出来的，非常的精细。

衣柜和床体的整体造型借鉴了古罗马圆形斗兽场的建筑造型，比如衣柜的边框和床侧柱都是临摹的罗马柱。床头和床尾的造型是相互呼应，借鉴了罗马穹顶的造型。

当时的家具设计师还特别喜爱中国的建筑和装饰艺术。在家具和建筑上喜欢采用中国传统的装饰手法。比如在床头雕刻这种如意菊呀、蝙蝠呀、花瓶呀，什么的。特别是我们明式家具流线型的线条，被欧式家具所广泛借鉴，比如明式的三弯腿、飞鸟饰、竹节饰、扇形饰、单板透雕等等。

当然，欧式家具与我们传统的明式、清式家具相比也有两个明显的区别，一个是车制柱，还有一个是软包家具，我们比较少用到。这种车制柱诞生于英国的伊丽莎白女王时期，也就是公元16世纪末，刚开始的时候柱体做得很粗大，看上去很野蛮就像美式家具一样，后来就越来越精细、优雅了，而且造型也越来越丰富，像这种叫花瓶柱，全手工打磨的，在英国的安妮女王时期很流行，一直流行到现在。

其实研究世界家具的发展史我们发现，现在的韩式家具是源自美式的，美式是源自英式的，英式是源自法式的，而法式在很大程度上传承了中国明式家具的特征，这跟法国路易十四皇帝崇拜中国文化有关。当时的中国一直都很强大，欧洲人对华夏文明是非常崇拜的。华夏文明对世界的贡献不仅仅只有四大发明，还有我们优雅宁静、流畅和谐的装饰艺术、家居艺术，这些历史是应该让孩子知道的，您说对吧……

旁边这款蓝色的套房名叫“航海家”，是现代家具样式，造型、装饰就比韩式家具简约很多了。更注重功能性和实用性。首先这种蓝色是一种中性色，男孩女孩都很喜欢，它象征着蓝色的海洋，以及孩子广阔的胸襟和无限的未来。是一款启迪智慧的家具……您看它的衣柜和床头都有一个方向舵的造型，10 岁的孩子会很喜欢把玩儿它的……您可以把双手放在上面试试看……很有趣吧，呵呵！孩子在把玩儿的时候会产生很多美妙的幻想。

整套家具都是以海洋为主题的，您注意看书架上面还有船舱的造型。很生动很形象，再配搭家里墙壁、挂画、装饰品，给孩子营造出浓郁的海洋气息……让孩子去创造，去发现……书架的隔层设计也是非常合理的，这里放课本，这里放《安徒生童话》，这里放《中华大字典》，大的放下面，小的放上面，对吧……

您再仔细看这款书桌（坐到转椅上），书台面板很厚实，我们采用的是 25 毫米整板加工的，不像很多小厂家采用空心板或者拼接板，那样是不够结实的。您来敲敲台面，是不是“咚咚咚”的响呀（敲）？空心板敲起来是“哄哄哄”的响，不一样的。您再看我们书台的边是弧形的，这样更符合人体工程学原理。孩子在学习的时候，双手与桌面的接触面积加大了，避免了孩子身体过度前倾，

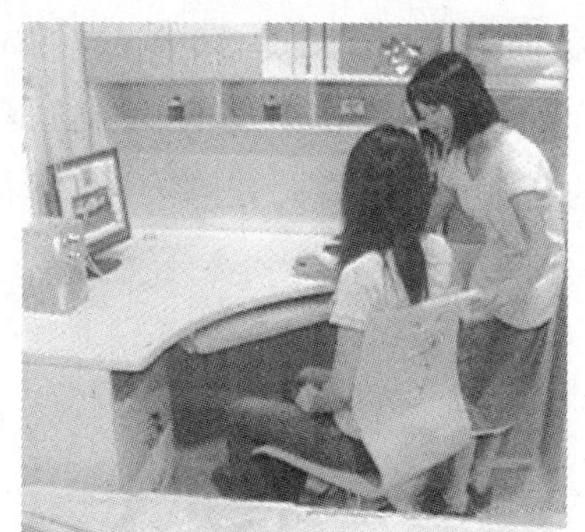

导购员为顾客讲解转角书台的设计原理和使用特征，并引导顾客体验。

造成肩部紧张、腰部紧张，能预防近视和驼背，而且提高了学习效率。当然，最重要的是少给孩子布置点家庭作业，呵呵……现在的孩子竞争很大，学习太辛苦了，应该给他们一个更舒适的学习环境，对吧……

您再看书台下面，空间特别大，有助于孩子经常活动一下脚。学习累了，伸伸胳膊、伸伸腿，是很方便的。我们的书台转椅也是专门为孩子设计的，可以调节高低，可以自由滑动，很轻松、很灵活。椅子的坐面和靠背都是硬的，我们研究过，如果采用软垫，孩子会打瞌睡的，反而降低了学习效率。椅子的背上还有很多小洞，这些小洞有散热的作用。

您坐下来，体验一下（帮助顾客感受）……椅子调节到适当的高度，双手伏案，看看会不会耸肩，椅子前后挪动一下，避免腰部紧张，腿伸展一下，看看空间够不够大……在椅背上靠靠，看看是否自然舒适（扇风，增加顾客背部的空气流动）……

用我们的家具，孩子都能好好学习、天天向上，将来考重点中学、重点大学，对吧……学习成绩好了，能给爸爸、妈妈省下很多开支呢。（5 个卖点讲完，确保顾客已经建立起了消费观念、购买信心、对我们有所期望。）

（确保顾客已经坐下了，然后开始押单）两个套房，一个是赫普尔怀特，一个是航海家，您更喜欢哪一个？还是赫普尔怀特是吧？您的品位很高，这套家具是相当有文化底蕴的，与您的气质非常吻合，有您这样的爸爸、妈妈，是孩子的幸福。幼吾幼以及人之幼呀，呵呵……

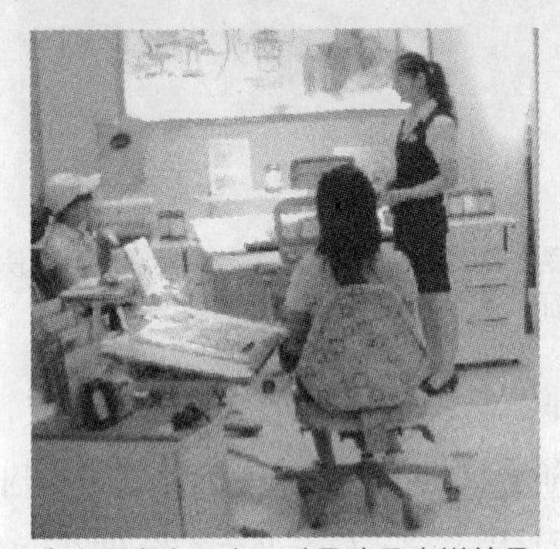

只要客户愿意坐下来，对导购员来说就是一种成就，一种快乐，一种机会。

现在定下来非常合适，因为我们刚好有活动，价格最实惠了，还有我们刚好有货，您不知道像这样的家具是经常缺货的，最长一次我们缺货缺了两个月，样品都卖了呢……（顾客：家具还会缺货吗?）嗯，因为艺术类家具的很多工序都是完全依靠手工的，劳动效率比较低，市场销售时而会大起大落，就像最近这个月好几个楼盘都在入住，给孩子选家具的家长都特别多，您是贵人出门有天助，选啥都特别合适，呵呵……（顾客：你不会把样品卖给我吧?）哪里会，样品我们可舍不得卖，呃……这一拆一装都是费用，呵呵……

我给您仔细算算，确定要带抽屉床箱的 1.5 米大床是吧？一个床头柜？三门大衣柜，我们有通体门的也有带抽屉的，您要哪种？带抽屉的是吧？书台选 1.6 米转角大书台是吧？这种书台好呀，可以同时容纳两个孩子一起做作业，这样孩子学习更有劲头呀。晚上写完作业，还可以一起睡觉，1.5 米大床绝对够宽了。孩子嘛，还是适合过集体生活，有很多朋友，这样更加活泼开朗，当然您比我懂得多，我只是班门弄斧，呵呵……转椅也是要带着的吧？嗯，我给您算算，挺适合的，总价 17300 元，然后打八折，价格很实惠的，才 13840 元。

(顾客：价格太贵了，再便宜点，小妹。)大哥大姐，我们是全国统一折扣的，价格很实在，这是对所有顾客的尊重！再说了，花钱越痛心，使用越顺心，家人越开心，这是普遍的真理，呵呵……您是刷卡还是给现金？

(顾客：刷什么卡呀，太贵了。)大哥大姐，我明白您的意思了，您是很有诚意的对吧？家具的颜色、款式、风格、文化、品质您都满意了，现在唯一不满意的就是价格了对吧？换句话说，如果今天能够达成一个合理的价格，您就能够定下来对吧？

四、处理异议并获得信任

卖点之六：抽屉之多

嗯，我理解您的意思，我们的想法是一样的。可能是我刚刚没有给您介绍清楚。您再看看，我们的家具是板木结合的呀，而且我们实木用量达到了 60%，而且精心设计了各种木材的长处，避免了短处。您可能在别家看到的比我们便宜，但是人家是全板式的，或者实木含量只有 10%，东西不一样的呀。您看我们的衣柜里面，您再随便打开一个抽屉看看……您有没有发现一个问题，就是我们的抽屉特别多呀……您看，床箱两个大抽屉，床头柜两抽屉，衣柜两大抽两小抽，书台条柜四大抽，书台副柜四小抽。总共有 16 个抽屉，8 个大抽，8 个小抽，抽屉非常之多是吧……抽屉多有什么好处呀？孩子的东西多呀，不能到处乱放呀。这是生活习惯的问题对吧……抽屉多能够让孩子养成自己归类整理自己物品的习惯，逐渐提高孩子的归纳总结能力，生活自理能力，好的生活习惯价值千金呀，对吧……以后孩子长大了，考上大学了，出国留洋了，您也放心，不用跟着孩子去陪读，对吧……您要老是帮孩子做事呀，到时候您还得跟着孩子去留学呢，呵呵……

很多小厂家的产品，尽管价格便宜，但是它们是没有产品设计理念的，不可能有这么多抽屉，因为抽屉是很费时费料的。比如一个组合书台，抽屉的造价是最高的，因为它的面板要精细喷油，抽屉板件多而且抽侧板还分左右方向，抽屉路轨用量大。很多不负责任的厂家不会在这里做抽屉的，而是做成门板，少一个抽屉就能节省100多元的成本，一块板加两个门铰就搞定了，不一样的对吧……

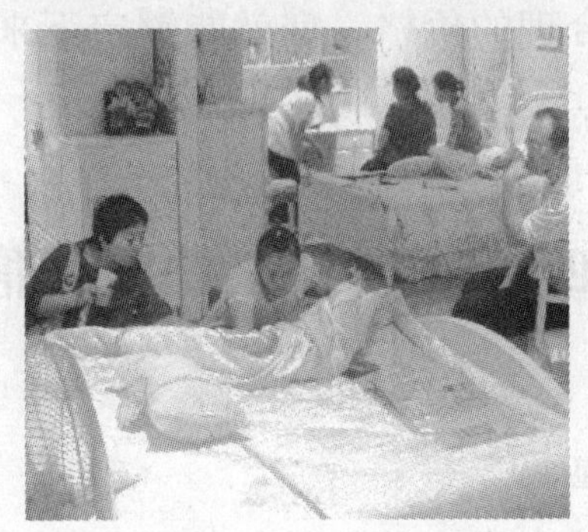

导购员用大幅度的导购动作、丰富的站位姿态、动情的导购语言，为顾客详细阐述产品的使用特性，引起顾客的共鸣。

（顾客：您的路轨是两节路轨呀，我还是喜欢三节的。）我理解您的意思，很多顾客也提到过这个问题，可是孩子的家具最好是用两节路轨，不是因为价格的问题，而是因为两节路轨更安全、更耐用，符合孩子的使用习惯。当然，您的孩子特别懂规矩，守礼仪，比较文静，爱惜东西，那是可以用三节路轨的，我们也可以给您换，您补个差价就可以了。您是付全款还是预付30%的定金呀？我给您算算，如果是付定金的话，这整套家具只需要3540元，您就先给3600元好吧……

（顾客：价格还是高了。）嗯，我知道，我知道……您要看看包括哪些东西呀。

您看看单，全套韩式，1.5 米大床带抽屉，对吧！

两抽床头柜一个，对吧！

三门衣柜带抽屉，对吧！

1.6 米大转角书台带条柜带副柜，对吧！

1.2 米趟门书架对吧！

单门书柜带亚克力门板，对吧！

然后，这种全实木椅子一把带布套，对吧！

颜色全部要这种纯净的天使白色，对吧！

整套家具优雅和谐，带给孩子健康的家居生活，对吧！

一套好的家具，伴随孩子最重要的成长阶段，对吧！

您再核对一下订单，看看还有哪些地方疏忽了，好吧……

您在这里填一下联系电话……

还有这里需要签名……（确定产品的过程就是下单的过程，就是富兰克林法的过程。）

导购员与顾客一起确认产品，帮助顾客建立整体家居概念。

卖点之七：细节之善

（顾客：价格太贵了，你再想想办法吧。）呵呵……大哥大姐。最好的办法，就是为您提供最优质的产品，最贴心的服务。我敢向您保证，用这套家具，您绝对会感谢我。您看看，这套家具的细节处理得多好呀！这油漆，香港紫荆花的钢琴烤漆，7 次喷涂不变色不脱落，质地细腻均匀。全手工打磨的雕花，还有这个车制柱，您摸摸手感，工人师傅一锤子、一锤子的打磨、雕刻出来的呀。还有您看这些手绘花纹，都是画师一笔笔画出来的呀，为了给孩子营造最好的家的环境、艺术的环境、文化的底蕴不容易呀。您再看看，衣柜是带缓冲的，防止夹伤小孩子的手。而且里面有消音器，当孩子在睡觉的时候，您拿取衣物不会“砰……”的一声，惊醒孩子。再看床尾的转角，都是全实木做的呀，没有采用金属呀，而且是弧形的，防止孩子跑步时候撞击到，会疼的呀……再看看我们的书台，都有严格的圆角处理……还有您看抽屉，都是带锁的吧！孩子也有他的秘密呀，不想让爸爸妈妈知道的呀，带锁的抽屉是孩子心灵的港湾呀……尽管这些都是一些很小的细节设计，但是反映出我们的企业、我们的品牌是最专业的，最专一的，我们注重每一个细节呀，是绝对有能力为孩子营造出最适合的成长空间的。您还有什么不放心的呢?

（顾客：你们的家具是好，就是价格太贵。）呵呵……不贵的家具您也看不上呀，呵呵……您这么有钱的大老板，您还是付全款吧，省得下次还要再跑过来处理余款，耽误了您宝贵的休息时间。您在这里确认一下……

（顾客：不行不行，价格再低点好吧……）大哥大姐，您一家人特别亲切，特别和谐，尽管我们相处的时间不长，但是给了我很多快乐和鼓励，感觉就像我的亲大哥、亲大姐，真的……小妹我也真的想为您做点事，不然我就对不起大哥大姐了，呵呵……这样吧，我代表公司，也代表我个人送您一件非常精美实用的小礼物。就是这个海豚闹钟，“当当当当”……（所有导购员鼓掌，制造热销氛围，假设成交）……喜欢吧（给）……这个闹钟很精贵的，是件工艺品，摆在店里很怕被偷，所以还是送给您好了，呵呵……小雪，来把海豚闹钟打好包，一会儿给顾客送车上去。

好啦，终于把孩子的家具定下来了，恭喜大哥大姐，选到了最

专卖店里面要多准备各种礼品，赠送给意向顾客。

满意的家具。问一下大哥大姐，您什么时候要货呀？也就是什么时候把货送到您家里最合适？

（顾客：价格太贵，定不了呀……）哦，大哥大姐，您一直说贵，很冒昧地问您一个问题，您为什么觉得贵呢……是不是别人比我们便宜呢？（顾客：是呀，我们在一家店里看见有8000元一套的。）哦，理解、理解……外面的家具不只是有8000元一套的，也有4000元一套的呢！您跟他讲讲价，3000多元一套都可以订得到，但是那样的家具您会买吗？我们这个店在这里整整开了7年，以前，旁边还有几个店也是做年轻家具的，后来都撤了。我跟您讲年年都在换品牌，都在换厂家，您看看旁边那家又在装修了。为什么，您知道吗？很多小厂家是卖了家具就逃跑。也有质量问题太多，顾客投诉太多被商场清退的。我跟您讲，您可以到商场管理处去打听打听，看看我们有没有被顾客投诉过。不好的家具，不环保、不健康的家具不是为了孩子，而是会害了孩子的，而且不是一两年，而是整个小学、中学阶段都毁了呀。为了几百块钱，绝对不值得。您说是吧……

（顾客：价格太贵，比大人家具都贵……）嗯，我赞同您的意见，大哥大姐，您说是事业重要还是家庭重要？大人重要还是孩子重要？在家庭里面，孩子永远都比大人更重要，您说是吧？孩子是未来，是希望呀……您是给孩子选家具，不是给自己选家具呀。给自己选家具，当然是要便宜点好，勤俭节约是我们中华民族的美德。但，我们是在给孩子做家具、选家具，就一定马虎不得，必须选最适合的，不能图方便、贪便宜，所以我们才留下了“孟母三迁”的感人故事，您说对吧……家具是有品格的、有文化的、有气质的、有性格的，一样会影响到孩子，要选就选品德端庄的家具，价格贵点也是值得的，您说是这个道理吧……嗯，为了防止出错，我们再把订单核对一下，好吧……

（顾客：要不你给你们老板申请一下，给我个特价好啦。）哦，可能是我刚刚没有说明白，我们是全国统一价的，除非是团购，而且要报经我们广东总部批准。我明白您的意思，您呀，是怕买得比别人贵了，自己吃了亏。这样好了，我给您看看我们这段时间的订单……您看看，这里有万科星园的顾客、杨树湾的顾客、金色家园的顾客，您看这位王先生，跟您选择的产品是相似的，价格也是这么多对吧……还有这位李小姐，价格还更高，因为当时她加急了，而且改色……对吧，不会错的吧，呵呵……来，您再核对一下产品……

适时出示老顾客见证，为新顾客树立消费信心。

五、固化需求并果断成交

（顾客：我还是想跟你们老板再谈谈。）呵呵，我们老板长期在世界各地出差，我去哪里找他呀，一年到头都很难见上一面的，真的。不过今天，非常幸运，刚好我们店长在这里，要不您跟店长谈谈，好吧……（顾客：好呀）小蒙店长，快来帮帮忙呀……

（小蒙店长快速了解情况，两个导购员快速完成交接工作，小蒙店长成为主力导购员）价格问题，在我们这里不是问题，因为我们的确是全国统一的。刚刚我也听到了，我们小红姑娘，是新上任的导购员，有什么照顾不周的地方，请您多原谅。（顾客：小红服务很出色呀，我们很喜欢。）呵呵……那就太好了呀。嗯，有您两位的肯定和鼓励，我们的小红妹妹一定会越来越出色的……两位还有哪些不满意的尽管跟我提，我会努力解决的……主要就是价格问题是吧？（顾客：是呀……）小红，你打折了吗？价格是多少呀？把单给我看看。我再算算……小红呀，你怎么搞的，你给大哥的价格算错了呀。你看看，我都说过很多次了……我们的摆场调整过了，衣柜里面都加装了裤架和小抽屉。您在给大哥大姐报价的时候，忘了加上去呀。这在发货的时候会出问题的呀。货送到大哥大姐家里，安装好了，发现产品跟我们今天摆场的产品不一样，少件了，没有裤架和小抽屉，大哥大姐会很失望的呀……所见即所得，顾客看见什么，我们就要给顾客什么，丝毫马虎不得……

小红：哎呀……对不起，大哥大姐，我刚刚算错了价格，少算了 80 元，就是衣柜里面的这个裤架和小抽屉忘算了，总价应该是 13920 元，实在是对不起。

店长：你都已经给大哥大姐报过价了，是不可以随便改的，那样多让人失望呀，这是诚信问题。念在你是新人的份上，还是店里来承担这 80 元的损失吧。

小红：不，店长，是我的错，这 80 块钱，一定要我出的……

大哥：好了，好了，小红也不是故意的，不就 80 元嘛，我出了，店长你也别怪小红了。

店长：大哥大姐，这是我们管理的失误，应该由我们承担责任的，您放心，我们会努力为您做到最好的，呵呵……请到这边来办一下手续，办完手续我们还会有一个惊喜给您呢……

（顾客：价格太贵了，找你来给个特价，无论如何你也要帮帮忙……）我理解您的心情，您的品位非常高，您看上的这套家具是非常经典的款式，也是最贵的款式。特别是这款书台的价格太高了，其实很多书台比这款书台价格更实惠，您再到里面看看……您看，同样是转角书台，这个款式就要实惠很多，而且同样适合孩子的房间，价格要便宜 400 元，您这下满意了吧？

（顾客：不好，不好，我还是要刚才那套，你再给我便宜点吧，要不我去买梦幻年华的了……）就看上这套了是吧，呵呵……坚决不改了呀？商场里面类似的产品很多呀，您就不再去比较了呀？货比三家呀，这样您才不会吃亏呀！要不您再去比较一下，回来我们再谈，晚上下了班，我请您吃饭好吧，呵呵……（隔手的金不如到手的铜，所以高手绝不放顾客走。但是真正的绝顶高手，会分析情况，该放还得放。这样有助于降低顾客的心理预期。）

（顾客：都比较过了，就你家的产品价格最贵。）嗯，我认同您的想法，东西不是越贵越好，越奢侈越好，而是要适合，要和谐是吧，呵呵……那您觉得您看上的这套家具，最适合的价格应该是多少呢……（顾客：也就 1 万元左右吧。）啊……！天啊……大哥大姐，您别开玩笑好不好呀，为了公平起见，您还是说个再合理些的价格好不好呀（闭嘴成交法，只要顾客不开口，导购员就坚决不能开口）……（顾客：12000 元，最多就这么多了。）嗯，大哥大姐，您这个报价很真诚。看得出来您是有诚意的。我们现在的价格差距还有 1920 元。说句心里话，这 1920 元，就是我们专卖店赖以生存的利润。您也是生意人，您也知道，做生意一定要赚钱，不赚钱的店就是反社会，反人类，不符合发展规律，不和谐，您说对吧……我们的店面租金、管理费、货运费、水电费、安装费、售后服务费、员工工资，就靠这 1920 元来开支的。这 1000 多块钱，对您来说只是个小数目，对我们来说却是唯一的收入来源，赖以生存的口粮呀。尽管我们是厂家直营店，但是利润负债是单独核算的。每少挣 1 块钱，对我们的专卖店来讲，都是一种危机，现在的生意真的很难做呀。相识是缘分，也是一种信任，大哥大姐，我今天破例给您申请一个非常优惠的团购价格，但是有几个问题要先讲清楚。

首先，您今天能不能定下来……能是吧！在申请团购之前，您再把订单上的产品核对一下……没错了吧，呵呵……再就是，要是万一这个团购机会申请不下来，您也别生气，为了孩子，我们大家都尽全力，好吧……还有最重要的一点：不要一会儿，我给您申请了一个团购价，您又反悔了，说还要去接孩子放学，还要回家商量商量，告诉我还要去比较比较，如果您还想比较的话，我建议您现在就去，好吧……（顾客：先说说团购价是多少好吧）好的，我在电脑里给您查一下，目前在举行的是和平小学儿童家具团购会，您这一套算下来是 13200 元，您不用再说价格贵，没法再便宜了。为

获得顾客的肯定回答后，再采用电话请示优惠成交法。

了孩子，多花这 1200 元是值得的，少请朋友吃顿饭，或者多打一圈麻将，要不劝老公少抽两条烟，就回来了，好吧……您是给全款吧？团购都是全款的。现金还是刷卡？现金好吧，刷卡商场会扣我们手续费的。您什么时候要货？15~30 天内是吧？超过这个时间段是不行的。好的，我马上给您电话申请……

“喂……陈店长，我有客户想报名参加你们的团购，嗯……你放心送货费用算我们店的，嗯……放心我全款付给你……对，今天就付（转头问顾客：带钱了吧?）……哎呀，你这人就是啰唆，你少跟我谈公司政策，我在这里上班的时候，你还在上托儿所呢……销售额当然是算我们店的呀，你帮我一次，下次我也帮帮你好了呀……大姐不欺负你欺负谁呢……没有问题了吧。好的，15 天后你把货交给我就行了，好的……上回说请你们吃饭一直没兑现承诺，这回大姐我一起补上……”

OK 啦！喔……（全体导购员鼓掌，制造热销场面，让顾客不能反悔。）恭喜大哥大姐，终于为孩子选择到了最满意的家具……订单您确认一下……大哥您先坐会儿，我带大姐去收银台（拆散顾客，避免顾客再商量）……您小心台阶（扶住顾客，一直扶到收银台，防止对手来抢。）……大姐，您皮肤保养得可真好呀（转移话题）……大哥是干什么工作的呀，这么有钱……万科星园小区现在的入住率高不高……您跟小区的物业熟不熟，过几天我们想去小区搞搞促销活动（转移话题，直到交钱送客。节假日，交款的人多，为了避免顾客排队，发生意外，我们可以自己收钱，给顾客开具收款单。然后去帮顾客交钱，再次开具收款单，并换回刚才的收款单。）……

六、超越期望并跟进搭销

（交完款回到店里）大哥大姐这是送您的礼物，漂亮的海豚闹钟，呵呵……还有一个惊喜要送给两位，就是幸运大抽奖……祝愿大哥大姐福星高照、财源广进。四等奖送小玩具一份儿，三等奖送大玩具一份儿，二等奖现金100元，一等奖现金200元，呵呵……我跟您讲，到目前为止，还没有谁中过一等奖呢……不过中四等奖也好啊，礼物很精美的……

大哥大姐！谁来抽奖呀……要不两位石头、剪刀、布，呵呵……

还是大姐最厉害，呵呵……几下就把大哥搞定了，呵呵……

一等奖……一等奖……一等奖……

哇噻……有没有搞错！真的中了一等奖也！恭喜大哥大姐（所有人鼓掌、拥抱）大哥大姐，您太有财运了呀……一定要再摸摸您的福气手……这个社会，为什么总是富的越来越富，穷的越来越穷呀，呵呵……现在我们颁发现金奖——200元，所有导购员列

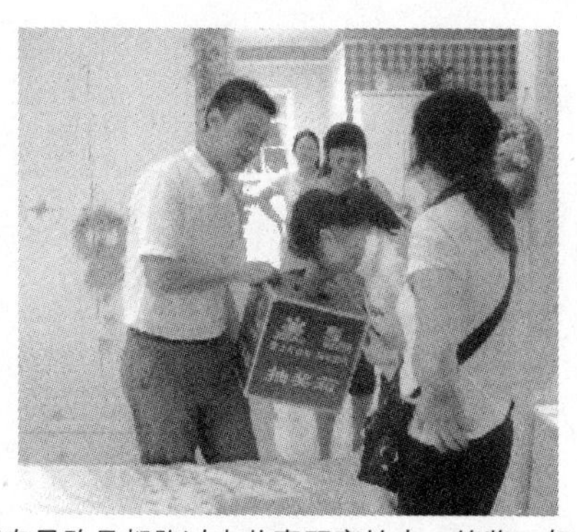

所有导购员都跑过来恭喜顾客抽中一等奖，努力制造热烈、隆重的抽奖氛围。

队……鼓掌……太让人嫉妒了……

对了，大哥大姐，床垫还没有选吧？快来来来（生拉硬拽）……我们的床垫可好了，我们厂家是专业做床垫的……

还有，还有……这个铅笔衣帽架和地柜您一定要配齐了，这样房间更加充实……

还有，还有……床上用品少不得，我们的床上用品是根据我们床体的造型有针对性地单独设计的，与床呀、衣柜呀、地板呀搭配得特别和谐……

恭喜大哥大姐，选择到了这么合适的家具，孩子一定会高兴得不得了，呵呵……以后啊，您一定要经常来店里坐坐，您就是我们的亲大哥，亲大姐……这些礼品我帮您拿车上去吧（送顾客去停车场，与顾客聊天什么都可以聊，只是不能聊家具的话题，避免顾客还在商场里面比较转悠）……

大哥、大姐再见……（所有导购员到专卖店门口送行）

第三章　和谐导购详解

上一章完整记录了一个非常经典的家具导购案例。本章将完整地为大家分析导购员的每一句话、每一个动作、每一种表情，帮助大家理解和掌握面对面销售的技巧。

一、跟进寒暄拉近距离并强调核心优势详解

您好，欢迎光临××专卖店……

注解：这是导购员与顾客交流的第一句话，要力求简单、自然、顺畅，要避免顾客产生任何思考。我们不需要用第一句话打动顾客，第一句话的目的，只是让顾客知道我们这里有人，正在营业中。第一句话的要点及其变化，在《家具导购六要素》一书中已有详细阐述。省略号表示要停顿一定时间，再说第二句话。在说完第一句话以后，很多导购员还会做出一个“导”的手势……如果顾客带孩子过来，还需要向小朋友问好，逗小孩子玩耍，甚至借助一些玩具引起孩子的兴趣，一边与孩子玩耍一边与顾客寒暄，并逐渐把顾客的注意力引导到家具产品上……

我们是专业做新古典韩式年轻家具和装饰品的。

注解：说第二句话的时候，顾客已经走进门了，第二句话的目的是引起顾客的注意，为后面的产品介绍做好铺垫。由于不知道顾

导购员在门口的站位也是很关键的，一般以及时发现顾客、提前发现顾客为最佳位置。看看这两位导购员歪歪斜斜的站位姿态，是会让顾客失望的。

客是给自己选还是给孩子选家具，所以告诉顾客，我们是年轻家具，不能讲我们是儿童家具。由于不知道顾客是选购家具还是装饰品，我们就告诉顾客两样都有，而且很专业。在特定的环境下，这句话还可以加上前缀。比如“六一”儿童节，父母带着孩子来到专卖店，导购员微笑加鼓励地说道：过节了，给孩子选点家具吧……我们是专业做新古典韩式孩子家具和装饰品的。这样就把情感加进来了，简单的一个前缀能够唤起父母对孩子的歉疚感。父母就会想：“是啊，过节了，该给孩子选套家具做礼物了，平时工作忙，很少陪伴孩子，买套好家具给孩子，算是补偿吧……”千万不要卖家具，而是要卖情感，卖文化，让顾客一家人在消费活动中，感受到家庭的温暖，体验到社会的和谐，这是导购的最高境界。

韩式家具被誉为最优雅、最美丽的家具，非常的和谐，它已经流行了200多年的历史了，源自法国的路易十六宫廷家具风格，路易十六宫廷家具风格又是我们传统明式家具的孙女，您一会儿能观察到家具的诸多中国元素，中国元素是最和谐的，给人恋家的感觉。

注解：这是第三句话，突出的是我们家具的核心优势。这里突出了两个国家的文化，韩国的文化是美丽，中国的文化是和谐。国家的文化一定是人的文化，企业的文化，产品的文化，产品的核心价值。这里提到路易十六、中国明式，不仅凸显了家具的高贵、典雅、正统，更重要的是有很多历史故事可以讲给顾客听，如果顾客感兴趣。很多顾客会因为这些可爱的历史故事，才爱上我们的家具。特别是与家具风格相关的历史故事，能够引发顾客对家具艺术的尊重和神往，从而尊重和喜爱我们的品牌和导购员。这句话也可以加上前缀，这时顾客已经在打量专卖店里的家具，可能没有注意到脚下的地台，容易踢到脚，于是导购员要快步上前，做一个“扶”的动作，并提醒顾客：您小心台阶……

而且我们的韩式家具还有一个非常显著的特征，就是采用了国际最流行的板木结合工艺。您到这边来体验一下（导）……您小心台阶（扶）……正如您现在所看到的（打开衣柜），高档的美式、欧式家具，无论是深色还是白色，都是像这样板木结合的。

注解：这段话，在突出我们家具产品的核心卖点“板木结合”，有几个细节大家要注意。说到“板木结合”四个字的时候要提高音量，引起顾客注意。要让顾客明白韩式、美式、欧式是不一样的家具风格，相互是独立的，这样才能突出韩式家具这个细分市场。要让顾客明白，板木结合是高档家具的标准，为板木结合正名。要邀请顾客体验，而不只是让顾客看看。要借助适当的肢体动作，与顾客产生情感交流，比如“导”、“扶”，导购员的动作要越多越好，越

在给顾客介绍产品的时候，要懂得利用产品和巧妙的站位为顾客设置路径，图中是导购员的标准站位姿势。

夸张越好，这样更有亲和力，能够避免顾客紧张。为什么要先打开衣柜，让顾客看呢？是因为衣柜里面能够看到各种木材的材质，一般衣柜采用的木材是花样最繁多的。还有一个好处，就是衣柜往往能“关”住顾客。家具专卖店里的路径空间是很窄的，衣柜门一开，导购员再注意一下自己的站位，顾客就是想改道，也没有其他出路。很多专卖店把路径设计得很宽大，其实是不对的，这样“关”不住顾客。

如果与顾客寒暄不多，第一步很快就能够完成，顾客已经对我们有了一个整体的印象，看到了我们的产品，知道我们是韩式家具，而且对韩式家具的美丽、和谐有了大致的理解，最后还用板木结合引起了顾客的注意……接下来就会进入第二步，准备 3~8 个卖点，并一个个地讲给顾客听。

也有顾客一进门就告诉导购员：你不要讲话，我自己看，你要是讲话，我就走。应对这样的困难局面，导购员就要循序渐进，步步为营了。这是特例，我们在公开课里面再来探讨。

二、介绍产品并启发需求详解

卖点之一：板木结合

注解：板木结合这个卖点为什么要放在第一个讲呢？因为这个卖点很直观，顾客能一目了然地理解，并形成概念，实现不同品牌产品之间的定位区隔。如果顾客认可了板木结合，顾客就不会去购买纯板式家具、全实木家具。一大群竞争对手就被淘汰了。

打开衣柜，您有没有闻到淡淡的清香味道……

注解：抓住顾客的视觉、听觉、嗅觉、触觉，让顾客真真切切地体验到产品，是一切导购活动成功的基础。卖家具不要忽视了顾客的嗅觉，嗅觉往往最能给顾客美好的印象。

这种味道不是香水，也不是樟脑丸，香味来自我们的衣通和衣托（摸），这种木材是美国进口的小叶香樟，它的香味非常优雅、持久……您摸摸看（给）……闻一闻……

把一些小物件交到顾客手里，让顾客一直拿着，这样非常有助于留住顾客。

注解：亲手把衣通取下来放到顾客的手里，与顾客一起摸摸衣通，一起闻闻香味，让顾客的记忆更加深刻。而且，顾客手里拿着衣通后，就不会轻易走掉，所以我们不用急着把衣通拿回来，最好是让顾客一直拿着。什么叫体验式销售？就是让顾客在我们的专卖店里不停地运动，别让顾客闲下来，要引导顾客思考、感受、检验、尝试。在运动中与顾客建立的感情，才是真感情。

这种香气很自然，而且有药用功效，可以防虫防蛀，有了它衣柜里面就不用放置樟脑丸了。放樟脑丸的衣服，穿在身上会很臭，不高雅，而且化学成分长期吸入，对身体是有害的，所以还是这种纯天然樟木好。

注解：顾客有可能对香樟木很陌生，但是顾客一定对樟脑丸很熟悉，说到樟脑丸，顾客就能产生准确的认知，这样就能突出香樟木的纯天然了。很多优秀的导购员能够将这段话说得更加生活化、故事化，让顾客深刻认识到在衣柜里面使用樟脑丸是很尴尬的，只有使用纯天然香樟木才是好的生活方式。甚至送给意向顾客一小包香樟木片，让顾客放家里，彰显生活情调。

这种木材还很坚韧，金属衣架不易剐花它，抚摸起来也不粘手，没有毛刺，很安全，可以永久使用。

注解：这句话是很生活化的，体现的是生活的细节问题。与顾客谈这些日常生活的细节问题，并让这些细节问题与我们的家具产品产生关联，是最体现导购人员工作能力的地方。只有这样才能将家具的卖点演变成顾客的买点，期望值和信心值。

这是好东西哦，但是香樟木不能用太多，多了味道就大了……要恰到好处，对（看顾客，肯定顾客）……

注解：当顾客明白香樟木适合用来做家具以后，很有可能顾客会选购全香樟木材质的家具，这就事与愿违了。所以，我们还要给顾客强调，香樟木只能少量使用，要恰到好处。恰到好处是板木结合家具的显著特征。"对……"这是语气词，导购员在导购的过程中，要多采用语气词，比如"对、嗯、哈哈、OK、好的、是吧、呵呵"等。有了这些语气词，导购过程才不会生硬，才能引起顾客的共鸣，才是和谐的导购员。部分顾客还会突然提问——你们的家具环保吗、甲醛超标吗？环保问题是顾客最敏感的问题，多谈无益、早谈无益。跟顾客过早谈论这个话题，过多谈论这个话题，都是不对的。遇到类似这样的提问，我们的处理原则是：导购思路不能被顾客的提问打断，快速处理顾客的提问，并把顾客的思路引导到我们想谈论的问题上来。所以我们应该回答顾客：您说得很有道理，对于大品牌、高档家具而言，环保不是问题，很多顾客就是冲着我们环保来的。就这一句话，足够了，千万不要跟顾客讲太多，被顾客把导购流程打乱了，更不要跑去找什么环保证书、太平洋保险证明给顾客看，这会导致顾客继续追问——环保证书是花钱买的吧，太平洋保险能说明什么问题呢？这就麻烦大了，顾客刚进专卖店，与导购员之间的信任关系还没有达成，导购员说什么，顾客都会猜疑，会形成一个恶性循环，会搞得导购员无法自拔，最后大家不欢而散。环保问题、价格问题、服务问题，放在最后谈好。

您注意看衣柜的层板，一看便知道这是松木对吧，我们的层板、背板都是松木做的。松木层板有一个好处，就是质地柔软，因为松木是属于软木嘛，呵呵……软木有一个很大的缺点就是密度低，重量很轻，而且用手指甲一划就是一道痕迹，一抠就是一个洞，我抠给您看（抠）……您也来划一下试试（划）……是不是很软啊。正是因为它软，我们才用来做衣柜的层板。

注解：这段话的关键在于引导顾客去抠、去划，让顾客在松木板上划出痕迹来，由此留下深刻的印象，让顾客清楚地认识到松木很柔软。这里要注意，所有的动作导购员要自己先做一遍，让顾客看到效果后，再引导顾客也做一遍，这样顾客才会没有顾虑地去完成动作。

导购员引导顾客体验产品，去摸、去划、去抠、去坐、去体会，从而获得对产品的真实感受。

您是知道的呀，家里高档的衣服都是真丝的、纯棉的、皮毛的，最怕被剐花起毛、起球。松木层板柔软、不起毛刺，有利于保护衣物，不会剐伤衣物。特别是家里有孩子，孩子皮肤太嫩，动作又快，很容易被剐伤，在开衣柜取衣服的时候也容易被撞到，所以层板肯定是松木的好。

注解：松木柔软是产品的卖点，不划伤衣物是顾客的买点，孩子健康成长是顾客的期望值，父母对孩子无微不至的爱是文化。把这些融合在一起，就是导购语言。还可以再故事化、生活化，比如告诉顾客：上次，有位年轻的妈妈来买家具，说他儿子上小学一年级，有挠痒痒的坏习惯，走路也挠（比画），上课也挠，写作业也挠，经常被老师批评，最开始还以为是孩子得了皮肤瘙痒症，吃了好多药，后来检查衣柜才发现原来是衣柜使用的木材出了问题，很多小家具厂用枫木、柳木、杉木、漆木来做家具，这些树种是引起皮肤过敏的元凶，千万要注意呀。

您再看我们的衣柜背板采用的是俄罗斯樟子松，它的力学传导性能很好，受力均匀，而且是采用12毫米厚的加厚整体背板，而别人用的都是4毫米厚的插入式背板，我们的背板要比别人的厚整整3倍（比画），这是为了加强衣柜的稳固性，您晃动一下我们的衣柜看看，是不是一动不动，稳如泰山，呵呵……

注解：这段话用了很多数据比较。数据比较很能说明问题，而且顾客容易接受，数据是最有说服力的，导购员要学会用数据说话。一定要让顾客去用力晃动衣柜，让顾客保持运动，不然顾客会觉得导购员的语言枯燥无味，产生去意。很多导购员反映顾客没有耐心听我们讲解产品，让我们闭嘴，他要自己看，或者干脆扭头就逃走。为什么会这样呢？其实不是顾客不愿意听我们讲，而是我们自己讲得不好，没有与顾客互动。这就好比很多学生上政治课就打瞌睡，上化学课就兴奋得不得了。不是因为学生不听讲，不爱学习，而是因为那个政治老师讲得不好、不生动形象、不能让学生动手动脑，所以学生才厌倦、不信任，最后学生逃学。同时，导购员还注意要不断突出××品牌，力求给顾客留下深刻印象。

家里有孩子的话，衣柜的稳定性非常重要，因为孩子会用衣柜来躲猫猫，玩儿游戏，而全国每年都会发生衣柜垮塌，砸伤儿童的事故，“砰……”的一声就塌了（比画），所以厚背板很重要。而且厚的背板还有一个好处就是，可以反复拆装，不影响使用，薄的背板用一次就废了。保不齐您哪天换了别墅，还得乔迁新居对吧，家具要能拆才行啊，对吧，呵呵……

注解：砰……是个象声词，导购员要用重音突出，并配合夸张的肢体动作，让顾客感受到问题的严重性，让顾客联想到衣柜垮塌的后果并害怕，给顾客一个假想的痛苦，让顾客去趋利避害。我们讲产品的卖点，要能够上升到顾客的买点，再上升到顾客的信心值和期望值，再上升到文化和使用习惯的高度。你能分析出上面这段话中，产品卖点、顾客买点、顾客期望值、顾客信心值、顾客消费文化、顾客使用习惯各是什么吗？

但是，我们的衣柜门板没有采用松木来做，因为松木太软了，孩子又比较淘气，不小心用东西撞一下衣柜门板就会有一个坑，孩子不像大人呀，喜欢运动，爱瞎折腾，每天都在房间里面“嘭嘭嘭”（用转椅撞击衣柜门板）……衣柜门板就坏掉了呀……用手划一下就是一道痕迹，而且松木面板容易掉漆、变黑，还会严重变形，用不了半年就会坑坑洼洼，很难看。

注解：嘭嘭嘭……是象声词，这里导购员要巧妙地用店里的转椅去撞击衣柜门板，做实验给顾客看，让顾客听见声音。刚刚还在讲松木适合做衣柜层板，松木好，现在为什么突然转向说松木不适合做衣柜门板，松木不好了呢？这是因为我们有一个很重要的竞争对手，就是全松木家具，必须打败这个对手，才能凸显我们板木结合家具的优势所在，才能证明全板式家具、全松木家具都不如板木结合家具好。聪明的导购员会在讲解产品的过程中，不动声色、恰到好处地打击对手，整个过程很优雅、和谐，不露痕迹，不会引发顾客的反感。如果顾客说还是全实木家具好怎么办呢？导购员会补充说明——我们就是板木结合的呀，框架是全实木的。除非您去找真正的老红木家具那是全实木的，其他的柚木、桦木、水曲柳、胡桃木、全松木、全柏木家具，都是板木结合的，说全实木那是骗人的，而且家具并不是全实木的最好，高档进口家具都是板木结合的。

所以，我们采用了实木浆板来做衣柜门板，很多小厂家用普通的中纤板来做，一样达不到要求的呀。普通中纤板 60 元一块都买得到，我们是120元一张，这种实木浆板是把实木放到200度高温、200吨的高压环境下挤压出来的，密度更高，防撞防刷（撞）……在一般性撞击下不会遭到破坏，而且您看它表面细腻光滑，容易做各种造型，线条非常的细腻、优美（摸）……

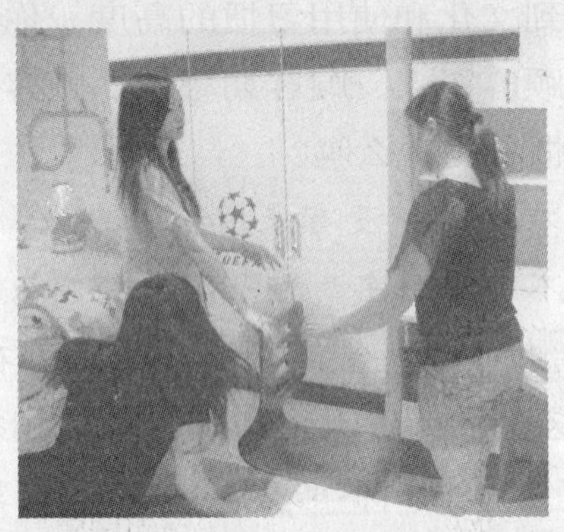

导购员用转椅撞击衣柜门板，发出“嘭嘭……”声响，用实际行动验证自己的导购语言，给顾客立体感受。

注解：这段话注意了用数字说明问题，也注意套用了实木家具的概念，也同时打击了小厂家的产品。通过层层的铺垫，导购员终于向顾客证明了为什么要用实木浆板来做衣柜门板，初步建立起了板木结合家具的必然性和可信赖性。产品介绍已经取得了一个阶段性的成果，这个成果很重要，在这个成果的基础上才可以打开顾客的心扉，才能使顾客与我们建立起初步的信任关系。同时，让顾客认识到，自己以前的家具消费观念可能是错的，全实木家具并不是最适合的，板木结合家具才是最适合的。让顾客恍然大悟原来“刷牙不如刷舌头”的道理。

您再看我们的抽屉侧板都是采用的松木，抽屉底板采用的是梧桐木。主要是因为梧桐木的寓意特别好，因为梧桐是中国传统的发财树，俗话说得好，种得梧桐树，引来金凤凰呀。用它来存放您家里的金银珠宝、玉器首饰啊，是最适合的啦……

注解：这段话是在补充说明我们的板木结合理念，并且引入了中国的传统文化，让顾客产生美好的联想。同时又提到金银珠宝，这是在恭维顾客，与顾客共振，与顾客保持文化上的一致性。我们不是卖家具的，我们是卖文化的，要多将传统文化导入到销售语言中去。

（顾客：家里哪有什么金银珠宝哦……）谁说没有呀，孩子就是宝呀……孩子多大了？（顾客：10岁了。）男孩儿、女孩儿？（顾客：女孩。）女孩儿就更是宝贝了，我也想得个宝贝女儿，女孩好呀，小棉袄呀！您真是太有福气了，呵呵呵……我叫小红，很高兴认识您……宝贝叫什么名字呀……多好听的名字呀，呵呵呵……

注解：这是与顾客一起乡愿的一段话，正是因为这段话，导购员与顾客之间建立起了信任关系，建立起了友谊。这段话充满了对顾客的肯定、赞许、认同、鼓励，但是没有一点拍马屁的嫌疑，也绝对不会招致顾客的反感，整个语言环境非常的和谐，顾客、导购员都会陶醉其中……当然，这段对话还可以更丰富一点，如果顾客反映出很喜欢聊天，聊孩子的话题，那就跟顾客一起聊。聊天有助于缓解顾客、导购员双方的紧张情绪，顾客更容易进入消费状态，导购员也更容易发挥出自己的专业技能。“呵呵呵……”是导购员在引导顾客笑。引导顾客笑，在整个导购过程中非常重要，顾客的笑声是对导购工作的回报，是成交的开始。

如果顾客有带小孩进专卖店，还必须安排专人陪同孩子玩耍，让顾客与我们的导购员之间发生故事，顾客能够记住的往往是这些故事，而不是产品。

刚刚我们谈到了板木结合，我们用的木材，有软木也有硬木，硬木要比软木贵很多。什么是软木呢，比如松木、杉木。什么是硬木呢，比如红木就是硬木，香樟木也是硬木，橡木也是硬木，像我们的衣柜、书台、床体框架部分、柱体部分（指示），用的都是从美国进口的橡木，就和红木一样，坚硬、有力，而且从美国进口橡木很便宜。因为恐怖头子本·拉登老是扬言要火烧美国的森林，所以美国人干脆把树都砍了卖了，反正他们的森林覆盖率过高，容易起火，对吧（顾客：哈哈哈）……

注解：这里导购员导入了硬木家具的概念，并用红木家具去类比我们采用的橡木家具，用红木的珍贵来凸显橡木的价值。提及红木，顾客就会联想到我们的家具好、有价值。导购员还讲到我们的木材是进口的，为什么要采用进口木材，理由非常充分，避免了崇洋媚外，语感诙谐幽默，不仅能获得顾客的好感和认同，还能获得顾客的笑声。反复获得顾客的笑声，成交就能自然达成。

导购员正在掰手指头，导购员的每一个导购动作都要精心设计、反复演练，并配合适当的导购状态，力求整个导购过程生动有趣。

科学研究表明，家具还是多材质板木结合的最好，对吧……您看我们用了香樟木、松木、梧桐木、美国橡木和实木浆板（掰手指头）……这就叫板木结合。

注解：导购员讲解的第一个卖点是板木结合，在塑造这个核心

卖点的时候，导购员没有去讲产品的其他卖点，一心一意地突出了家具的板木结合特性。在最后还不忘告诉顾客——这就叫板木结合。并注意观察顾客的反应，确保顾客已经听明白了、理解了、认同了，到此这个卖点讲完了。

而且还有一点要告诉您，由于我们的家具实木用量比较多，而木材都会有开裂、变形的情况，这是在所难免的。木材由于产地的不同、成材年轮的不同、树种的不同，它的含水率是不一样的，特别是像我们这个地方冬天冷、夏天热、温差大，而且越是采光通风好的房间户型，对家具的考验越大，所以您在使用的时候，会发现家具可能会开裂、变形。不过您不用担心，我们会为您调换的，真的，呵呵……直到给您调换到不开裂为止，木质家具一般有一年的磨合期，渡过了磨合期，适应了家里的温度、湿度，第二年就不会开裂了。您放心，相关服务承诺，我们会在订单上面给您写清楚的……选择大品牌家具，您会省心很多，呵呵……

注解：在讲完板木结合以后，导购员还增加了这段补充说明，更显得真挚、可信、负责任，顾客听了都会感动。这里还提到了订单，提到了售后服务，这是假设成交法的模式，目的是为下一步的谈单、成交打下基础。家具的开裂问题是顾客关注得很多的现实问题，早点给顾客讲清楚，不用等顾客提问。在有的专卖店，导购员会非常细心地讲解家具的使用和保养，家具会出现哪些常见问题，这些问题的处理方式是什么，都会详尽地告知顾客，以博得顾客的信任。

您房子选在哪个小区？哇……您可真讲究，万科星园的高层，得 2 万多元一个平方米吧，您是大老板，您太有钱了……给孩子选家具是吧……您太有生活了，跟太太一起选好家具，然后回家给孩子一个惊喜，呵呵……真幸福呀……

注解：这段话非常精辟，导购员的用意在于探寻顾客的需求，了解顾客的购买动机。在达到这个目的的基础之上，导购员还不忘与顾客交流情感，与顾客一起乡愿，做到了赞美而不讨好顾客，发自内心的欣赏顾客而不是拍马屁。“给孩子一个惊喜”这段话最能反映出导购员的高超技巧，避免了在最后的成交阶段，顾客突然提出——下次要带孩子过来看，让孩子自己选！给孩子一个惊喜，成了顾客购买的理由。顾客没有带孩子来，本来是不利于导购工作的，但是优秀的导购员能够因势利导，将不利局面变成有利局面。

至此为止，我们家具的核心卖点之一“板木结合”被塑造出来了，顾客的需求也已经初步探明了。导购工作将进入深入的介绍产品和启发需求阶段。凡是能完整听完导购员讲一个卖点的顾客，都是有效顾客，导购员一定要留下有效顾客的联系方式，要向店长报单。一个卖点没听完就跑掉的顾客是无效顾客，只作为统计数据，不要求报单。

卖点之二：家具之色

注解：导购员必须了解自己的产品，什么叫了解自己的产品呢？就是要能总结出 3~8 个卖点，是自己的产品所特有的，能够有效说服顾客的，并且把这几个卖点，熟练掌握、灵活运用。介绍产品的过程就是将这些卖点描述给顾客听的过程。重要的卖点要先讲，直观的卖点要先讲。“家具的颜色”这个卖点就是既直观又重要的卖点。只要能够让顾客喜欢上我们家具的独有颜色，没有我们这种颜色的竞争对手就被淘汰了。

儿童家具健康环保是最重要的。其中很重要的一个方面是家具的颜色环保，比如中老年家具颜色比较深，当然这也取决于个人的心态了，呵呵……儿童家具一定要以浅色、彩色为最适合，色彩家具更符合孩子的心理特征。

注解：由于现在已经知道顾客是给孩子选家具了，所以我们就不再是年轻家具专卖店了，而是儿童家具专卖店。要突出颜色的重要性，就一定要将颜色问题上升到健康环保的高度上去，父母是最关注孩子健康问题的了。并且我们要让顾客明白不同的颜色适合不同年龄、性别、个性的人群，绝对不能乱来，乱来就不健康。

我们的家具颜色是很丰富的，白色优雅宁静，蓝色细腻端庄，红色浪漫激情，粉色稚气高贵，橙色志趣伶俐。不同的性格和年龄适合不同的颜色，一定不能搞错哦……

注解：这段话可以加入更多的内容，不同的颜色对孩子产生哪些不同的影响，这方面有很多的资料可以查找，也有很多科研机构在做这方面的研究，都可以用来作为我们的论据。让顾客叹服我们的知识是很渊博的，我们对孩子的服务是很全面的，我们是最专业的。我们为孩子注意到了每个细节，顾客就会对我们增多一份信任。

比如上周万科金色家园的赵小姐为孩子选择了这套蓝色家具……。男孩儿，10岁，已经上小学四年级了，调皮得不得了，刚到我们店里就摔坏了门口的花瓶……妈妈希望孩子在家的时候能够安静一点，于是就非要这套蓝色的家具。其实他妈妈说得很对，蓝色能够让调皮的男孩儿安静下来，这样在性格上有一种互补作用。比如，长途货运汽车的颜色肯定是蓝色的，因为蓝色能够有助于司机保持冷静，集中注意力，这样就更安全。孩子也是一样的道理，科学家做过实验，在蓝色的房间里面，能够集中注意力，孩子的学习能力会加强，特别是现在的孩子学习压力还是蛮大的，蓝色的家具对孩子是一种帮助，对……

注解：相信大家能够感受到这段讲述是非常精彩的。导购员很能够将自己要表达的观念故事化、生活化，总是不断地给顾客讲述生活中的具体案例，显得真实可信。这对导购员自身的要求是很高的，必须要有一定的生活经验。只有关注生活、热爱生活的导购员才能掌握如此高超的技巧，才能组织起如此生活化的语言。

“对……”不要小看最后这一个字，这不仅仅是一个语气词，更重要的是这一个字表明了导购员是站在顾客的角度思考问题的，是在肯定顾客的想法，顾客也就更容易接受意见。

楷模家具的导购员正在做导购演练，老顾客案例、名人见证是他们的演练重点之一，只有平时练熟了、掌握了，在实战中才能够灵活运用。

您孩子在哪儿上学？（顾客：实验小学。）实验小学好呀！了不起，那所学校出了很多名人呀！去年的文科高考状元，也是出自这所学校呀！上个月八一建军节，实验小学的合唱团还和我们一起去做过慰问演出呢。真幸福呀，还是女孩儿好呀，妈妈的小棉袄呀，有爱心、有孝心，特别懂事……

注解：导购员又在打听孩子的情况了。为什么导购员要一会儿打听一下，一会儿打听一下，而不是一次就打听完所有的情况呢？这是为了在关键时候让顾客放松，谈到孩子父母都是愉快的。导购员每次都没有深谈孩子的问题，一是因为她没有当母亲的经验；二是因为她不想占用太多的时间，避免打乱了导购的正常流程。导购员有良好的与顾客共振、乡愿的习惯，这是优秀导购员的普遍特征。而且，有经验的导购员会去了解目标顾客的相关情况，作为儿童家具的导购员必须去了解辖区内各所小学、中学的情况，成为自己导购工作的利器。导购员再次强调了女孩儿好，而且上升到了爱与归属的高度，文化的高度，这是打动顾客的关键语素，任何行业的导购员都要在这方面下足工夫，勤学苦练，方能领悟导购工作的真谛。世界在变，环境在变，时尚在变，唯有爱与归属是永恒不变的。不变的情感，不变的爱与归属，是所有社交活动、销售活动的根。

我们这家店开了7年了，前不久加州花园的一位顾客，告诉我说他家的孩子上小学时用我们的一款橙色上下床，今年保送科技大学，去大学参观，发现宿舍的床还是这种床，也是我们的产品，高兴得不得了，好像回家了一样，嗯……

注解：导购员又拿出了一个实际案例，期待用这些实际的案例，加强导购语言的可信性，这是十分正确的做法。而且言语间已经向顾客论证了我们是历史悠久的企业，具有广泛的社会影响力，是负责任的企业，是可以信赖的产品。“嗯……”是对顾客的赞同，是站在顾客的角度思考问题。

我们的家具是可以自由换色的，您喜欢什么颜色就给你做什么颜色，但是有一种颜色不能换，就是木本色。您看，就是衣柜里面的这种木头本来的颜色，不能够做到衣柜外面来。因为科学研究表明，木本色家具太阴冷、太昏暗、太湿润、太沉重，适合老年人使用，不适合年轻人使用，更不适合孩子使用，阳光的色彩、纯净的色彩才能有助于孩子更加阳光、纯净。所以我们常说，家具是有品德的、有性格的，而且分性别的。比如男孩子就不适合用粉色的家具，女孩子就不适合造型太刚直的家具对吧，呵呵……

注解：这段话，是整个导购过程中的一大亮点，是一段可以点亮顾客心扉的话，是可以让顾客恍然大悟的一段话。讲完这段话，顾客绝对不会再去买木本色的家具，一大帮竞争对手被干掉了，使得我们的色彩家具脱颖而出。而且，这段话是从几个方面来说明颜色的重要性，总有一个方面是顾客赞同的，这样就达到了目的。大家知道，全松木家具、贴纸家具、贴木皮家具、全实木家具都是木本色的，这些对手都被导购员淘汰了。

这就是家具颜色的一些特性。总之，孩子的家具马虎不得，颜色和造型特别重要，也是我们家长最应该关注的，您说对吧……

注解：第二个卖点，到此讲完了，非常完美，并再次总结性地提请顾客注意。“您说对吧……”是在观察顾客的反应，看看顾客是否听明白了，不明白的还可以问。导购员要确保第二个问题解决了，才会进入第三个问题，才会讲第三个卖点。卖点不是要讲多，而是要讲透彻，讲到顾客的心坎里面去。

两个卖点讲完了，每个卖点讲了 10 分钟，共计 20 分钟的时间，导购员与顾客之间的关系已经从陌生变成了熟悉，初步建立起了信任关系。其间顾客一直没有询价，这是因为导购员将顾客的价格注意引导到了产品注意上面。就算是顾客询价，导购员也不会报价，因为导购员要把报价留到最后。当顾客还不了解我们的产品之前一定不要报价，当顾客还不信任我们之前一定不要报价，更不能议价。

卖点之三：家具之“活”

注解：应该说，经过前面两个卖点的讲解，顾客对产品已经认可了，讲第三个卖点的目的是促成交易，同时进一步拉近关系，为顾客建立良好的消费观念。

房子装修到啥程度了呀？（顾客：快完工了。）哦……准备啥时候入住呀？左邻右舍是不是都在叮叮当当的装修呀？万科星园小区的入住率高吗？物业有没有统一大家的入住时间呀？

注解：这些问题问得很好。首先，顾客一般都是在乔迁新居的时候买家具，自然会遇到装修问题。千万不要问顾客家装修的是啥风格，经常都有导购员掉进风格陷阱不能自拔。问问顾客房子装修到什么程度就能够计算出顾客急不急着买家具了。后面的几个问题是在收集市场信息，为小区促销活动做准备。

那到了定家具的时候了。其实很多顾客都是在装修前就把家具定好了，买完房子马上就买家具了，甚至家具比房子还先预订。这样可以根据家具的尺寸啊、样式呀来适度修改房间的格局和软装搭配效果。

注解：一半以上的顾客是装修后再选择家具，这对我们家具的销售管理工作是非常不利的。因为负责装修的施工队，比我们更早

接触到顾客，他们会努力劝说顾客在装修上多花钱，造成顾客没钱买家具。作为儿童家具专卖店，我们的竞争对手很多。别家的儿童家具是碗里的对手，装修公司是锅里的对手。抢锅的对手比抢碗的对手更加难以对付，如何解决这些问题，也是有方法的。

您现在房间已经装修了，那就一定要选择灵活的家具。刚好，我们的家具就为您想到了这点。我们的家具是“活”的（提高音量），这是第三大卖点，可以满足您的定做要求……

注解：受装修公司的影响，很多顾客都关注定做的问题，认为定做的家具一定是最适合的家具、最好的家具。其实，事与愿违，刚好相反。然而，我们不能拒绝顾客的定做要求，尽管好的家具都不可能定做。怎么解决这个矛盾呢？所以，引入“活”的消费观念就非常有必要了，用“活”的观念代替“定做”的观念，正确地引导顾客。“刚好”这个词用得恰到好处，能让顾客觉得来对了地方，碰巧了，走运了。而且为了避免卖点讲多了，顾客听糊涂了记不住，导购员还特别提示顾客“活”是第三大卖点，也就是说导购员已经给顾客讲了三个卖点了，提醒顾客别忘了。

在讲解产品的时候要能够变换语调和动作，引导顾客的注意力，要突出重点和关键点，避免顾客听糊涂了，找不到方向了，导购员要及时提示顾客，帮助顾客找到解决方案。

您看我们的床有 1.0 米、1.2 米、1.35 米、1.5 米、1.8 米五种宽度，1.9 米、2.0 米两种长度。有抽屉床、排骨架、高箱床、子母床四种结构。您是喜欢抽屉床还是排骨架？对……其实孩子的床还是选择抽屉床最好，这种结构最稳定，孩子正是活泼好动的时候，睡觉不老实的对吧，很多顾客讲，男孩子在梦中还在学李小龙“啪啪啪”（大声大动作）……打拳呢，呵呵……！而且睡觉前还会在床上连蹦带跳、鲤鱼打挺。女孩儿也一样，您还不知道，中学体育女生要学习头手倒立，小学体育要求孩子每天完成 50 个仰卧起坐，这些运动都是要求孩子在睡觉前完成的。特别是现在的学校都有形体课，要练习瑜伽的，所以一张又大又结实的床对孩子非常重要。科学研究表明，晚上锻炼身体最适合，早上并不适合锻炼身体。您在我们的床上跳跳试试看（跪跳），看看我们的床会不会晃动，这样的床才能给孩子用。

注解：其实，无论谁家的家具都是“活”的，床的组合方式都很多，也都非常结实耐用，都能够满足顾客的需求。如何才能让顾客喜欢上我们的床呢？关键不在于我们的床好，而在于导购员表演得是否精彩，导购语言是否入情入理。在整个导购的过程中，产品并不起决定性的作用，导购员的专业水平比家具的专业水平更重要。经常组织培训，提高导购员的专业技能，势在必行。导购员要了解顾客的生活方式、使用习惯，才能够激发起顾客的购买欲望，同时还要引导顾客树立正确的生活方式，这样才是顾客的朋友。

您再看我们的衣柜，有两门、整体三门、整体四门，门板有开门的也有趟门的。结构有通体门的，也有下面带抽屉的，还有带镜子的，衣柜上面和侧面还可以加装饰框，衣柜里面还可以加裤架、暗柜，在搭配选择上是十分自由的，呵呵……您看我们的衣柜层板也都是可以调节高度的，孩子小的时候层板的高度就要低，然后孩子长高，层板也长高对吧……这边放孩子的小衣服，这边悬挂风衣、长裙、唐装、旗袍、晚礼服都是很方便的，衣柜里面的小抽屉也相当多，实用性是足够大的，您有再多的金银珠宝也都放得下对吧，呵呵……

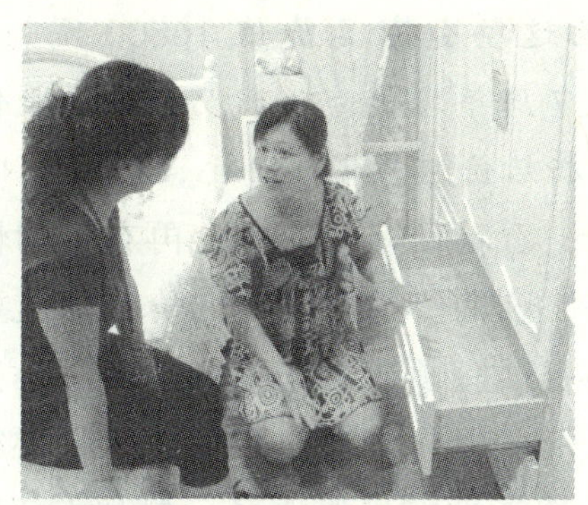

导购员讲解的是衣柜抽屉，塑造的是顾客期望的生活方式，让顾客感受到的是尊重。

注解：导购员怎么知道，顾客是来买衣柜的呢？其实这不重要，为什么一定要知道顾客是来买什么的呢？我们说顾客的需求是启发出来的，不要去问顾客的需求，而是要在产品介绍的过程中启发顾客的需求。我们的这位导购员很优秀，她不只是在介绍产品，还是在营造生活方式，风衣、长裙、晚礼服……这不是在营造生活方式吗？

您再看我们的书台，那就更灵活了。长度从0.8~1.6米全部都有，造型也相当的丰富，有直角的、转角的、翘角（侧坐）的，书台下面有带活动条柜的、抽屉副柜的、电脑主机柜的、各种造型五金脚的，应有尽有。书架有趟门的、开门的、不带门的，长的短的，能自由搭配。书柜单门、双门、三门全部都有，而且您在选购我们产品的时候，可以只选择柜身，不选择门板和抽屉都是可以的，这样价格就很灵活。很多不需要的部件和功能您可以不选择，这样价格就更实惠了，呵呵……

注解：一般来讲，书台的组合方式是最多、最活的，导购员可以在这里多讲，并可以引导顾客一起体验。上面这段话可以看出，导购员的意图是在突出产品灵活的基础上，抛出我们的价格也灵活，并为报价打下基础。因为她认为顾客已经被打动了，信任感已经建立了，报价的时机已经成熟了。

您现在看到的这整套家具价值 16800 元，绝对是物有所值的……今天刚好是 7 周年庆典，从来没有过的最低折扣，价格非常的实惠，打八折，折后价格才 13440 元，很实惠吧……

注解：先报价，看看顾客的反应，再有针对性地解决问题。特别是遇到有些顾客，该询价的时候不询价，这就要主动引导了。导购员的这次报价还有试探顾客消费能力的用意，只是试探而已，并不会与顾客展开议价过程。试探的结果往往是顾客不具备这样的购买力，导购员会有选择性的提供服务，特别是节假日人多的时候。从这段话可以看出，导购员是经过严格的报价训练的，报价的语言和状态也都非常专业。

（顾客：啊！这么贵呀。）嗯……我理解您的意思，很多顾客都认为我们的家具贵，这也正是顾客选择我们的理由。我们的品牌不是靠价格取胜的，而是靠我们的专业精神、优质服务和我们对顾客需求的理解。

注解：顾客肯定会说贵，这是意料之中的。导购员的回答是一个常规套路——认同顾客、放大焦点、扭转乾坤，这个套路是经常要用到的。

您看，我们的家具是“活”的，不只是可以灵活地搭配组合选购，更可以灵活地使用。科学研究表明，孩子的房间，一定要活，这个“活”是灵活、运动的意思。

注解：高水平的导购员不会在第一次报价的时候，与顾客纠缠价格问题，而是快速地把顾客的价格注意力引开，让顾客再次去关注产品的价值和生活的方式，去感受爱与归属。

很多顾客反映，孩子有吃零食的习惯，而且喜欢睡觉前吃，一边做作业一边吃，几个小朋友打打闹闹地吃，这就会有一个问题，就是房间的角落会留下食物残渣，所以需要定时打扫，至少三个月要来个大扫除对吧，不然会吸引蟑螂、蚂蚁的。要大扫除当然就需要挪动一下家具，所以家具一定要能够动起来、换方位，要活，不能固定死了。买了房子并不等于有了家，家是要精心呵护、经常折腾的，呵呵……儿童心理学家也认为，孩子的房间要经常变换家具的摆放方位，不断地给孩子新鲜感，特别是要经常变化睡觉时头部的朝向，因为地球有南北磁场，太阳有东升西落。变换房间的格局、睡觉的朝向，更有利于激发孩子的动手能力、学习兴趣以及形象思维能力，这是很重要的，这也要求家具一定要“活”……

注解：这段话无懈可击，完全塑造起了“活”的必要性，顾客听得入神，并且能恍然大悟。任何东西只要能对提高孩子的智商、情商、学习能力、动手能力有帮助，就算是天上的星星，父母也会为孩子摘到手里。这就是为什么最近 20 年来，聪明药、增高药、保健药、增白药、丰胸药这些“黑五类”产品热销的原因。

为了让家具“活”起来，方便搬运，我们在产品上做了很多的努力。首先是要家具结实，您看我们的衣柜都采用了加厚背板（指示），床都加了可以换方向的抽屉（指示），床身与床头采用双排五合一连接件（指示），书台后面都加了连接背板（指示），确保家具足够安全。这些都是关键要素，您去对比一下小厂家的产品、那些仿冒产品是没有的、不安全的……

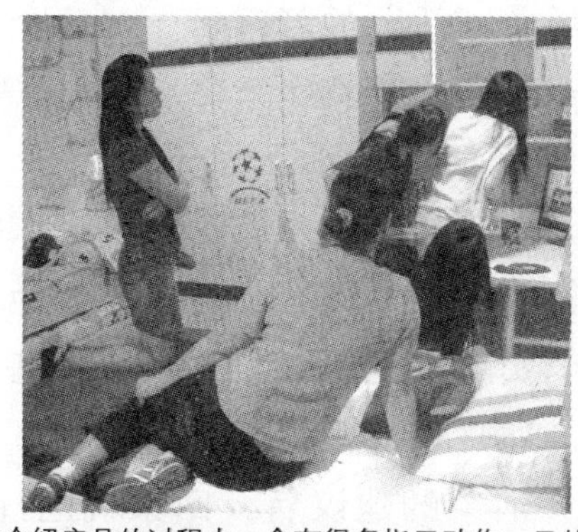

导购员在介绍产品的过程中，会有很多指示动作，目的就是提高顾客的注意力，确保顾客的思路能跟着我们指引的方向走。

注解：在为顾客塑造了期望值以后，在宣传效果已经达到之时，导购员及时地抛出了产品的卖点，准确无误地说到了顾客心坎里。当然，这段话还可以更丰富一些，说得更细致一些。

而且，为了减轻家具搬动的重量，比如衣柜的门板需要拆卸下来，搬动到新位置以后再安装上，普通的家具采用的是尖头木螺丝（展示）连接，直接把螺丝上到木板上，只能够拆装一次，因为木头是斗不过金属的，拆装几次木头就坏掉了，咬不住螺丝了……这样的家具使用起来会摇晃，是很不安全的。而我们的家具是不一样的，我们采用了预埋五金件（指示）设计，平头螺丝（展示）连接，实现了金属与金属连接，可以反复拆装20次以上都没有问题。所以，您在选择家具的时候，一定要选择"活"的家具。

注解：导购员很细致地说明了一个小小螺丝的问题，说得顾客心服口服。为什么会达到这样的效果呢？是因为前面的宣传铺垫工作做得好，顾客的期望值已经被塑造起来了，导购员只需要找到一个小小的支点，就能够撬起整个地球。在良好的导购流程帮助下，导购员的工作会变得非常轻松，非常愉快。

还有，很多妈妈心疼孩子，专门为孩子的房间打了衣柜，把整个房间的一面墙做成衣柜，其实恰恰搞错了，打的衣柜是无法搬动的，而且衣柜一打，房间的格局就被定死了，这对孩子是不好的。您说对吧……家具还是"活"的好呀……（三个卖点讲完，确保顾客已经浏览了卖场一遍，对产品已经建立了初步印象。）

注解：导购员一句简单的话，又干掉了一个对手——装修公司、整体衣柜厂家。装修公司总是鼓动顾客打衣柜，整体衣柜厂家总是鼓动顾客定制整体衣柜，顾客都自己打衣柜了，我们的衣柜卖给谁呢？导购员三个卖点讲完，"兵不血刃"，基本上所有竞争对手都已经倒在地上了，这是一种很高的武功境界——和谐导购。事实上，很多顾客接纳"活"的建议后，回家就把打的整体衣柜拆了，因为打的衣柜是死的。顾客原本没有购买衣柜的需求，在导购员循循善诱下，需求就产生了。所以我们力荐导购员要先介绍产品，再启发需求。到此为止，导购员与顾客交流了大概 30 分钟，顾客的需求应该被启发得差不多了，可以进入下一个销售环节了。凡是能认真听导购员讲完三个卖点的顾客，都是意向顾客。

三、辨别顾客的真实想法和需求详解

卖点之四：房间设计

注解：辨别顾客的真实想法和需求，从哪里着手最适合呢？当然是给顾客设计房间，如何摆放家具最合适。拉着顾客一起玩儿拼图游戏，玩儿搭积木，玩儿家具摆放，是很能够获得顾客信任的。

家具在房间的摆放是非常重要的，要讲科学。孩子房间是长方形的还是正方形的？长多少宽多少？有一个门还是两个门？落地窗还是飘窗？窗户朝东还是朝西？哟……紫气东来呀……这样的户型很好呀，家具很好摆放，我们一起来设计一下……

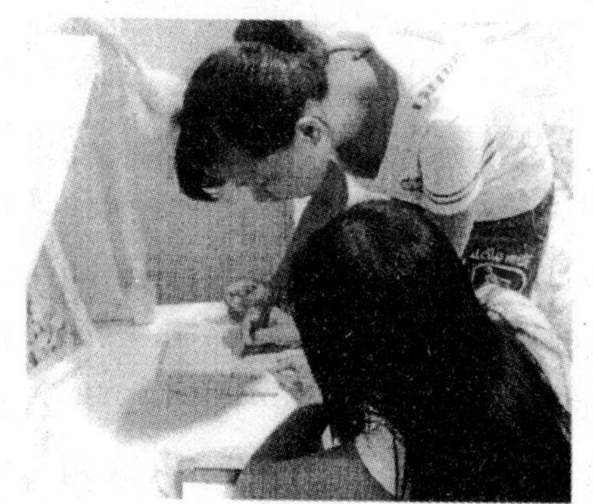

选一个最佳的位置，让顾客坐下来，然后与顾客一起画图，与顾客一起完成一件作品，是一件非常有趣的事情。

注解：导购员反复地强调科学，用科学来烘托自己的专业。而且导购员注意了由浅入深地引导顾客进入房间设计环节。在询问顾客问题的时候，导购员选择让顾客回答二选一的问题，这样顾客能很快上手，不会产生抵触情绪。任何人都喜欢做简单的事情，不喜欢做复杂的事情，这是常理。并不是像很多书上讲的封闭式提问、开放式提问，远没有那么复杂。我们在向顾客提问的时候、探询需求的时候，都要力求简单。注意，我们是与顾客一起设计，要让顾客参与进来，而不是我们设计给顾客看，顾客不是来做看客的。

房间很宽敞，至少有3种摆法都很适合。首先可以将床头朝北边，这叫坐北面南，有帝王之气，呵呵！喜欢1.5米床还是1.2米床？是是是……我赞同您的意见，床还是1.5米的好，能从小学用到大学。您选抽屉床箱还是排骨架？对对对……抽屉多当然最好。摆一个床头柜还是两个床头柜？衣柜要二门的还是三门的？组合书台呢，您看这种1.2米的转角和这种1.4米的直角书台都很适合，你更趋向于哪一种？好的……好的……这样我们就把大件产品确定下来了，当然还可以添加沙发、地柜、衣帽架、衣柜附架、地毯、挂画等小件，空间利用很充分，而且不显得拥挤……现在，我们可以放心了，家具绝对是适合房间的，对吧……（设计摆场的过程就是确定产品的过程，先确定大件产品，不要急着确定小件产品。）

注解：给顾客设计房间，摆放家具，是导购员的基本功，需要严格的训练考核。导购员可以用手画草图，也可以借助设计软件画平面图。实践证明，手画草图更能够打动顾客，也更快捷方便。整个导购过程中，多次出现“是是是……”、“好的……好的……”、“对吧……”，这是很有必要的，只有这样顾客才会真正参与进来，并尊重、接受最后的房间设计结果。这段话中，还有两个字——放心——很重要，导购员必须要向顾客吐出这两个字，让顾客把心放下来，为成交做好最后的准备。很多导购员还会试探性地询问顾客的主卧、客厅、餐厅家具买了没有，哪里买的，谁家的品牌，花了多少钱，这样就能够估算出顾客今天带了多少钱来，消费能力有多高，以方便搭配产品和报价。

您到这里坐会儿……，我们有很专业的设计软件，帮你设计一下……第二种摆放法，床头还可以朝西……（初步确定好产品以后，才可以用设计软件为顾客演示，不要急着使用设计软件，因为最好的软件是导购员而不是电脑。）

注解：在房间摆场设计的整个过程中，顾客坐在哪里，这个问题也是很重要的，一个好的座位是有助于成交的。可以给顾客演示几种不同的设计方案，甚至几种家具组合方案，然后让顾客从中选出最满意的一种组合方案。当顾客选择好组合方案以后，就是最佳的成交时机，就可以给顾客报价成交了。如果是节假日，顾客太多忙不过来的情况下，为了节约时间，提高效率，导购员一般都喜欢选择在这个环节向顾客逼单，成交是逼出来的。

卖点之五：历史文化

注解：如果顾客反映出来特有文化，对家具特有鉴赏力，这类顾客是舍得在文化上投资的，是难得的好顾客。我们要给他讲家具的第五个卖点——历史文化。当然这个卖点也可以提前讲，哪个卖点先讲，哪个后讲并不是一定的。

家具摆放绝对没有问题，空间利用也很充分。就看您到底喜欢哪种文化，哪个款式，哪种颜色了。

注解：导购员即将塑造出两种文化、两个款式、两种颜色让顾客二选一，这个销售方法是最稳健、最可靠的。

您看这款韩式家具，诞生于1770年左右，英国的乔治王朝时期，它的设计者叫赫普尔怀特。赫普尔怀特是专门为英国皇室设计宫廷家具的。当时的家具非常注重优雅与和谐。它的典型特征是家具多采用这种线条装饰，而且不断地反复，不断地延续。家具设计得很精巧，比如衣柜有这种双顶和双底，衣柜门板装饰以小凹嵌线或者小凸嵌线，衣柜的门板中央有浅浮雕或者主题彩绘，这些全部都是纯手工制作的。这些彩绘全部都是画师一笔笔勾画出来的，非常的精细。

注解：要讲出上面这段话，就要求导购员对英式家具有所了解。这需要阅读大量的书籍，并归纳总结出与自己所经营产品相似的特征。这个工作量是很大的，靠一个人是无法完成的，这需要厂家提供现成的资料，遗憾的是很少有厂家能够提供类似的资料，这也是市场的机遇所在。美克美家、艾芙迪、金富雅在这方面是做得比较完善的，也开设了相关的培训课程。

衣柜和床体的整体造型借鉴了古罗马圆形斗兽场的建筑造型，比如衣柜的边框和床侧柱都是临摹的罗马柱。床头和床尾的造型是相互呼应，借鉴了罗马穹顶的造型。

注解：这里又讲到了罗马，因为罗马风格是顾客比较熟悉的。而且罗马更能够增强家具的历史感和价值感。当然还可以给顾客讲赫库兰尼姆遗址、庞贝古城……这要考验导购员的知识水平，考验家具制造商、经销商的管理水平、培训资料的完善程度。

导购员用丰富的语汇与顾客一起重温历史、感受博大的家居文化，引导顾客寻根问祖，使顾客忍不住地想亲近。

当时的家具设计师还特别喜爱中国的建筑和装饰艺术。在家具和建筑上喜欢采用中国传统的装饰手法，比如在床头雕刻这种如意菊呀、蝙蝠呀、花瓶呀什么的。特别是我们明式家具流线型的线条，被欧式家具所广泛借鉴，比如明式的三弯腿、飞鸟饰、竹节饰、扇形饰、单板透雕等。

注解：在讲解家具的历史文化时，特别是在讲解外国家具的历史文化时，要同时突出中国家具的历史文化。不要给顾客崇洋媚外的印象，要弘扬华夏文明，这样才和谐，才能博得顾客的好感。

当然，欧式家具与我们传统的明式、清式家具相比也有两个明显的区别，一个是车制柱，还有一个是软包家具，我们较少用到。这种车制柱诞生于英国的伊丽莎白女王时期，也就是公元16世纪末，刚开始的时候柱体做得很粗大，看上去很野蛮就像美式家具一样，后来就越来越精细、优雅了，而且造型也越来越丰富，像这种叫花瓶柱，全手工打磨的，在英国的安妮女王时期很流行，一直流行到现在。

注解：这段话除了是在讲述家具的历史文化，还在打击竞争对手。大家知道，韩式家具的柱子都很细、很优雅，不了解的顾客会认为我们是在省材料；而美式家具的柱子很粗大，顾客会误以为美式家具是真材实料。所以这个问题要跟顾客阐述明白，防止跑单。同时，还塑造出了家具的手工艺价值。

其实，研究世界家具的发展史我们发现，现在的韩式家具是源自美式的，美式是源自英式的，英式是源自法式的，而法式在很大程度上传承了中国明式家具的特征，这跟法国路易十四皇帝崇拜中国文化有关。当时的中国一直都很强大，欧洲人对华夏文明是非常崇拜的。华夏文明对世界的贡献不仅仅只有四大发明，还有我们优雅宁静、流畅和谐的装饰艺术、家居艺术，这些历史是应该让孩子知道的，您说对吧……

注解：这段话是最能体现出导购员的深谋远虑的，能够说出这段话的导购员现在还不多。中国人的民族意识、文化意识正在崛起，作为每一个中国人，都要肩负起传承华夏文明的历史责任。导购员与顾客探讨的已经不再是产品问题，而是文化问题、责任问题、教育问题。导购员与顾客之间从相互信任，已经发展到相互鼓励、相互赞赏、相互依赖的程度了。像这样的导购员是无敌的导购员，更是和谐的导购员。

旁边这款蓝色的套房名叫“航海家”，是现代家具样式，造型、装饰就比韩式家具简约很多了，更注重功能性和实用性。首先这种蓝色是一种中性色，男孩女孩都很喜欢，它象征着蓝色的海洋，以及孩子广阔的胸襟和无限的未来。这是一款启迪智慧的家具……您看它的衣柜和床头都有一个方向舵的造型，10 岁的孩子会很喜欢把玩儿它的……您可以把双手放在上面试试看……很有趣吧，呵呵！孩子在把玩儿的时候会产生很多美妙的幻想。

注解：在塑造起新古典韩式风格家具的文化以后，导购员又开始塑造包豪斯现代家具的文化了。导购员的用意很明显，是让顾客选择买韩式家具还是现代家具，这还是二选一的问题。其实，更多的情况是导购员让顾客在两套韩式家具之间做出选择，或者两套现代家具之间做出选择。导购员抓住了现代儿童家具活泼、直观、有趣的特征，用华丽的语言为顾客描绘着梦幻的蓝图，使顾客展开丰富的联想，充满了期望值和信心值。

整套家具都是以海洋为主题的，您注意看书架上面还有船舱的造型，很生动、很形象，再配搭家里的墙壁、挂画、装饰品，给孩子营造出浓郁的海洋气息……让孩子去创造，去发现……书架的隔层设计也是非常合理的，这里放课本，这里放《安徒生童话》，这里放《中华大字典》，大的放下面，小的放上面，对吧……

注解：导购员在介绍这段话的时候，动作是很丰富的，而且导购员在不停地移动位置，不断地用手势引导顾客的视线。“安徒生童话”、“中华大字典”这些语素，是导购员在为顾客塑造生活方式、使用习惯。

您再仔细看这款书桌（坐到转椅上），书台面板很厚实，我们采用的是 25 毫米整板加工的，不像很多小厂家采用空心板或者拼接板，那样是不够结实的。您来敲敲台面，是不是“咚咚咚”的响呀（敲）？空心板敲起来是“哄哄哄”的响，不一样的。您再看我们书台的边是弧形的，这样更符合人体工程学原理。孩子在学习的时候，双手与桌面的接触面积加大了，避免了孩子身体过度前倾，造成肩部紧张，腰部紧张，能预防近视和驼背，而且提高了学习效率。当然，最重要的是少给孩子布置点家庭作业，呵呵……现在的孩子竞争很大，学习太辛苦了，应该给他们一个更舒适的学习环境，对吧……

通过示范、体验，给顾客构筑起切实的生活画面，导购员与顾客完成了心与心的交流，建立起信任关系。

注解：导购员用很生活化的方式谈出了产品的卖点，真挚地体现出对孩子的关爱，让顾客感受到的是爱与归属。并且导购员十分注意让顾客动起来，让顾客亲自去体验，去感受。其实所有板的敲击的声音都是一样的，这并不重要，真正重要的是导购员的正确引导。

您再看书台下面，空间特别大，有助于孩子经常活动一下脚。学习累了，伸伸胳膊、伸伸腿，是很方便的。我们的书台转椅也是专门为孩子设计的，可以调节高低，可以自由滑动，很轻松、很灵活。椅子的坐面和靠背都是硬的，我们研究过，如果采用软垫，孩子会打瞌睡的，反而降低了学习效率。椅子的背上还有很多小洞，这些小洞有散热的作用。

注解：这一段话的内容可以更加丰富，这时导购员应该是坐在椅子上给顾客做示范，顾客应该是坐在旁边的床上或者站着。现代家具的这些卖点，其实韩式家具也有，只是导购员有意把这个卖点安排在这里讲罢了。

您坐下来体验一下（帮助顾客感受）……椅子调节到适当的高度，双手伏案，看看会不会耸肩，椅子前后挪动一下，避免腰部紧张，腿伸展一下，看看空间够不够大……在椅背上靠靠，看看是否自然舒适（扇风，增加顾客背部的空气流动）……

注解：从这段话可以看出，导购员成功地让顾客坐到了椅子上，并帮助顾客体验产品。顾客逛家具商场本来就很累，又在我们专卖店里站立了40分钟以上，很多顾客坐下后，就再也不想站起来了，押单、下单的机会就产生了。当导购员决心要跟顾客谈价格的时候，一定要在顾客坐下以后，同时还要注意不要在顾客想站起来的时候谈价格，这是导购员经常容易犯的错误。

用我们的家具，孩子都能好好学习、天天向上，将来考重点中学、重点大学，对吧……学习成绩好了，能给爸爸、妈妈省下很多开支呢。（五个卖点讲完，确保顾客已经建立起了消费观念、购买信心，对我们有所期望。）

注解：一般来讲，导购员五个卖点讲完，顾客还没有走，还留在店里，这样的顾客就是准顾客。专卖店要准备专门送给准顾客的小礼品。上面这段话，导购员依然不忘塑造顾客的期望值和信心值。

（确保顾客已经坐下了，然后开始押单）两个套房，一个是赫普尔怀特，一个是航海家，您更喜欢哪一个？还是赫普尔怀特是吧？您的品位很高，这套家具是相当有文化底蕴的，与您的气质非常吻合，有您这样的爸爸、妈妈，是所有孩子的幸福。幼吾幼以及人之幼呀，呵呵……

注解：导购员始终坚持与顾客探讨社会文化、爱与归属，这样的氛围里面，顾客是很难说“不”的。面对“幼吾幼以及人之幼”，顾客是无论如何都不会说“不”的。因为导购员卖给顾客的不是家具，而是文化，这种文化很和谐、很传统，顾客绝对舍不得抛弃。

现在定下来非常合适，因为我们刚好有活动，价格最实惠了，还有我们刚好有货，您不知道像这样的家具是经常缺货的，最长一次我们缺货缺了两个月，样品都卖了呢……

注解：这是抢机会成交法，是使用频率最高的成交法。××儿童家具专卖店非常善于使用这套成交法，统计显示2008年，在这套成交法的帮助下，××家具的顾客首次进店成交率高达40%。

（顾客：家具还会缺货吗?）嗯，因为艺术类家具的很多工序都是完全依靠手工的，劳动效率比较低，市场销售时而会大起大落，就像最近这个月好几个楼盘都在入住，给孩子选家具的家长都特别多，您是贵人出门有天助，选啥都特别合适，呵呵……（顾客：你不会把样品卖给我吧?）哪里会，样品我们可舍不得卖，呃……这一拆一装都是费用，呵呵……

注解：这段话入情入理，在整个成交过程中起到了很关键的作用。既打消了顾客的疑虑，又塑造了产品的价值，还融洽了成交氛围，为顾客的快乐消费打下了坚实基础。

我给您仔细算算，确定要带抽屉床箱的1.5米大床是吧？一个床头柜？三门大衣柜，我们有通体门的也有带抽屉的，您要哪种？带抽屉的是吧？书台选1.6米转角大书台是吧？这种书台好呀，可以同时容纳两个孩子一起做作业，这样孩子学习更有劲头呀。晚上写完作业，还可以一起睡觉，1.5米大床绝对够宽了。孩子嘛，还是适合过集体生活，有很多朋友，这样更加活泼开朗，当然您比我懂得多，我只是班门弄斧，呵呵……转椅也是要带着的吧？嗯，我给您算算，挺适合的，总价17300元，然后打八折，价格很实惠的，才13840元。

注解：产品选型工作、报价工作很顺利地完成了，将报价过程融入到产品固化的过程中，自然而然，坚定有力，而且还不忘给顾客心理暗示——价格很实惠。报价技巧，是导购培训的核心课程，每个导购员都应该接受适当的专业培训。

当导购员决定要进入押单阶段，解除顾客价格异议的时候，一定要确保先让顾客坐下来，而且是深坐，不容易站起来，并送上热茶。

（顾客：价格太贵了，再便宜点，小妹。）大哥大姐，我们是全国统一折扣的，价格很实在，这是对所有顾客的尊重！再说了，花钱越痛心，使用越顺心，家人越开心，这是普遍的真理，呵呵……您是刷卡还是给现金？

注解：顾客嫌贵是很正常的事情，99%的顾客不接受我们的第一次报价。还有 1%的顾客接受我们的第一次报价，但是依然会说我们的家具贵了。在不清楚顾客真实想法的情况之下，导购员不用去做过多的解释，直奔主题就可以了——刷卡还是现金？这是在辨别顾客的真实想法和需求。

（顾客：刷什么卡呀，太贵了。）大哥大姐，我明白您的意思了，您是很有诚意的对吧？家具的颜色、款式、风格、文化、品质您都满意了，现在唯一不满意的就是价格了对吧？换句话说，如果今天能够达成一个合理的价格，您就能够定下来对吧？

注解：这是辨别顾客真实想法和需求的固定语素套路，我们把它叫做唯一排除法，也叫做博恩崔西法。这个套路的用意在于获得顾客的承诺，排除干扰成交的非价格因素。导购员在这里采用这个套路，标志着第三步已经圆满结束了，即将进入导购的第四阶段——处理异议阶段。

四、处理异议并获得信任详解

卖点之六：抽屉之多

注解：很多导购员提出过疑问，产品真的有那么多卖点吗？其实任何产品都有数不清的卖点，哪怕你销售的产品只是一瓶水。大家有没有注意观察楷模家具、慕思寝具专卖店的导购员，他们会在处理异议阶段讲很多卖点，而这些卖点是在产品介绍阶段已经给顾客讲过的。其实这是有道理的，第一次讲顾客可能没有完全听懂，所以很有必要再讲一次。对于产品的核心卖点，甚至可以不断地重复讲解，两次、三次、四次……

（顾客：对呀。）嗯，我理解您的意思，我们的想法是一样的。可能是我刚刚没有给您介绍清楚。您再看看，我们的家具是板木结合的呀，而且我们实木用量达到了60%，而且精心设计了各种木材的长处，避免了短处。您可能在别家看到的比我们便宜，但是人家是全板式的，或者实木含量只有10%，东西不一样的呀。您看我们的衣柜里面，您再随便打开一个抽屉看看……

注解：导购员毫不犹豫地再次强调了自己的产品是板木结合的，将这个核心卖点再次强化，确保顾客能够完全听明白。同时，注意用数据说话，让顾客建立起消费信心，并在不知不觉中将顾客的注意力引到了抽屉上面。

您有没有发现一个问题，就是我们的抽屉特别多呀……您看，床箱两个大抽屉，床头柜两抽屉，衣柜两大抽两小抽，书台条柜四大抽，书台副柜四小抽。总共有16个抽屉，8个大抽，8个小抽，抽屉非常之多是吧……抽屉多有什么好处呀？孩子的东西多呀，不能到处乱放呀。这是生活习惯的问题对吧……抽屉多能够让孩子养成自己归类整理自己物品的习惯，逐渐提高孩子的归纳总结能力，生活自理能力，好的生活习惯价值千金呀，对吧……以后孩子长大了，考上大学了，出国留洋了，您也放心，不用跟着孩子去陪读去，对吧……您要老是帮孩子做事呀，到时候您还得跟着孩子去留学呢，呵呵……

导购员再次站起来介绍产品，顾客并没有随之站起来，而是很专注地听导购员讲解，这样的顾客成交的可能性会很高。也有顾客会跟随导购员站起来，这样的顾客就要具体情况具体分析了。

注解：这段话反映出导购员的销售技巧已经非常高超了。能够把抽屉多与孩子出国留学扯上关系，实现了从产品卖点到顾客买点，到期望值与信心值，再到爱与归属的跨越。凡是具备这种特征的导购员都是优秀的导购员。

很多小厂家的产品，尽管价格便宜，但是它们是没有产品设计理念的，不可能有这么多抽屉，因为抽屉是很费时费料的，比如一个组合书台，抽屉的造价是最高的，因为它的面板要精细喷油，抽屉板件多而且抽侧板还分左右方向，抽屉路轨用量大。很多不负责任的厂家不会在这里做抽屉的，而是做成门板，少一个抽屉就能节省 100 多元成本，一块板加两个门铰就搞定了，不一样的对吧……

注解：这段话把产品贵的道理讲清楚了，可谓是入情入理的，顾客是理解并且信任的。这时，导购员完全可以再次逼单——您是给定金还是全款呀？当然，要根据具体情况，别把顾客逼急了。

（顾客：您的路轨是两节路轨呀，我还是喜欢三节的。）我理解您的意思，很多顾客也提到过这个问题，可是孩子的家具最好是用两节路轨，不是因为价格的问题，而是因为两节路轨更安全、更耐用，符合孩子的使用习惯。当然，您的孩子特别懂规矩、守礼仪，比较文静，爱惜东西，那是可以用三节路轨的，我们也可以给您换，您补个差价就可以了。

注解：导购员正想再次逼单的时候，顾客突然再次抛出一个异议点——路轨的问题。其实，对于优秀的导购员来讲，就怕顾客没有异议，因为处理异议是最好的成交机会，而且处理异议的语素套路非常容易掌握。

您是付全款还是预付30%的定金呀？我给您算算，如果是付定金的话，这整套家具只需要3540元，您就先给3600元好吧……

注解：利用处理异议的机会，导购员再次逼单。而且这次逼单更聪明了，导购员干脆采用假设成交法，帮顾客计算好付款金额。一般情况下，成交在这里就能够达成了，除非是遇到非常专业的顾客。

（顾客：价格还是高了。）

注解：遇到高手了，顾客还是嫌贵，成交机会还是不成熟，考验导购员的时候到了。真正高明的顾客，话都很少，让导购员找不到机会。

嗯，我知道，我知道……您要看看包括哪些东西呀。

注解：用什么来说明自己的价格不贵呢？导购员明白一个常理——贵不贵，关键要看东西多不多。这个时候，导购员要表现出一种强势的工作状态，要让自己成为一个不情愿的卖家，这是一种很有挑战性的议价状态。

您看看单，全套韩式，1.5米大床带抽屉，对吧！

两抽床头柜一个，对吧！

三门衣柜带抽屉，对吧！

1.6 米大转角书台带条柜带副柜，对吧！

1.2 米趟门书架对吧！

单门书柜带亚克力门板，对吧！

然后，这种全实木椅子一把带布套，对吧！

颜色全部要这种纯净的天使白色，对吧！

整套家具优雅和谐，带给孩子健康的家居生活，对吧！

一套好的家具，伴随孩子最重要的成长阶段，对吧！

您再核对一下订单，看看还有哪些地方疏忽了，好吧……

您在这里填一下联系电话……

还有这里需要签名……（确定产品的过程就是下单的过程，就是富兰克林法的过程。）

顾客再次深坐下来后，导购员心平气和地开始为顾客理清思路。一般在这个时候，顾客也累了，需要坐下来好好休息了。累了，不想动，也是顾客成交的理由。

注解：这段对白目的是获得顾客签名，采用的是富兰克林法的成交套路，只要顾客愿意签名，成交就能水到渠成，大多数顾客会在这时成交。

卖点之七：细节之善

注解：这个卖点很多时候出现在产品介绍阶段，当然也可以出现在处理异议阶段。把处理价格异议的过程，变成产品介绍的过程，可以让议价过程更加和谐、亲切，有说服力。

（顾客：价格太贵了，你再想想办法吧。）

注解：无论导购员多么专长于价格谈判，多么具备成交技巧，顾客还是嫌贵，这是顾客的权利。好在顾客这次终于多说了几个字——你再想想办法吧。这句话给了导购员无限机会，就看导购员如何去把握了。

呵呵……大哥大姐，最好的办法就是为您提供最优质的产品、最贴心的服务。我敢向您保证，用这套家具您绝对会感谢我。

注解：导购是一项很伟大的工作，是为顾客服务的。导购员的使命是为顾客营造幸福、和谐的家居生活，所以，顾客也会感谢我们。价格谈判往往会很艰难，导购员要有这样的心理准备，要有必胜的信念，并且要坚信顾客最终会感谢我们。

您看看，这套家具的细节处理得多好呀！这油漆，香港紫荆花的钢琴烤漆，七次喷涂不变色不脱落，质地细腻均匀。全手工打磨的雕花，还有这个车制柱，您摸摸手感，工人师傅一锤子、一锤子的打磨、雕刻出来的呀。还有您看这些手绘花纹，都是画师一笔笔画出来的呀，为了给孩子营造最好的家的环境、艺术的环境、文化的底蕴不容易呀。您再看看，衣柜是带缓冲的，防止夹伤小孩子的手。而且里面有消音器，当孩子在睡觉的时候，您拿取衣物不会“砰……”的一声，惊醒孩子。再看床尾的转角，都是全实木做的呀，没有采用金属呀，而且是弧形的，防止孩子跑动时候撞击到，会疼的呀……再看看我们的书台，都有严格的圆角处理……还有您看抽屉，都是带锁的吧！孩子也有他的秘密呀，不想让爸爸妈妈知道的呀，带锁的抽屉是孩子心灵的港湾呀……尽管这些都是一些很小的细节设计，但是反映出我们的企业、我们的品牌是最专业的、最专一的，我们注重每一个细节呀，是绝对有能力为孩子营造出最适合的成长空间的。您还有什么不放心的呢？

注解：讲这段话的时候，导购员一定要挽着顾客的手，完成一连串动作，整个过程重点不在介绍产品，因为已经不是产品介绍阶段了。在处理异议阶段介绍产品的目的是获得顾客的信任。所以，在这个阶段千万不要疏远顾客，对顾客太谦让也不合适，这个阶段要与顾客促膝而谈，惺惺相惜。这种情感的渲染比什么都重要，而情感渲染最有效的工具就是肢体动作。这需要现场指导，大家才会明白。

导购员再次站起身，为顾客讲解产品，并再次试探顾客会不会随之站起来，分析顾客的动作，能为下一步的价格谈判策略奠定基础。动作速度过快、兴奋点过高的顾客是不易成交的，这样的顾客需要进一步辅导。导购员应进一步放慢语速，降低音量，帮助顾客静下心来。

（顾客：你们的家具是好，就是价格太贵。）呵呵……不贵的家具，您也看不上呀，呵呵……您这么有钱的大老板，您还是付全款吧，省得下次还要再跑过来处理余款，耽误了您宝贵的休息时间。您在这里确认一下……

注解：这是顾客第几次嫌贵了？导购员暗自数了数，已经是第六次嫌贵了。导购员觉得再解释不会有太好的结果，于是干脆直接逼单，这往往会有意想不到的收获。同时，从这句话里面，我们也听出了收获，那就是顾客终于记住我们的品牌了，对××家具有了概念。我们有理由相信，即便是这个顾客不能成交，但是这个顾客一定会在他的朋友圈中宣传××家具，为我们的品牌推广做出贡献。

事实证明，接近30%的顾客是被赠送品打动的，导购员必须确保顾客离开的时候，手里的各种礼品是沉甸甸的。顾客逛商场是很辛苦的，怎么忍心让顾客空着手回家呢？顾客也许比较不出家具的好坏，但一定比较得出礼品的多少来。

（顾客：不行不行，价格再低点好吧……）大哥大姐，您一家人特别亲切、特别和谐，尽管我们相处的时间不长，但是给了我很多快乐和鼓励，感觉就像我的亲大哥、亲大姐，真的……小妹我也真的想为您做点事，不然我就对不起大哥大姐了，呵呵……这样吧，我代表公司，也代表我个人送您一件非常精美实用的小礼物。就是这个海豚闹钟，“当当当当”……（所有导购员鼓掌，制造热销氛围，假设成交）……喜欢吧（给）……这个闹钟很精贵的，是件工艺品，摆在店里很怕被偷，所以还是送给您好了，呵呵……小雪，来把海豚闹钟打好包，一会儿给顾客送车上去。

注解：被逼无奈，导购员使用了绝招——送礼成交法与假设成交法混合运用，没等顾客同意，礼物都已经打好包装了。这样的成交技巧是很有威力的，再加上所有导购员的出场助阵，鲜有不成交的顾客。甚至很多顾客原本是不打算买家具的，都在这种愉快的氛围下成交了。

好啦，终于把孩子的家具定下来了，恭喜大哥大姐，选到了最满意的家具。问一下大哥大姐，您什么时候要货呀？也就是什么时候把货送到您家里最合适？

注解：为了避免顾客嫌贵，导购员直接跳过收款环节，想在谈售后服务的过程中完成收款动作，这个方法是正确的。

（顾客：价格太贵，定不了呀……）

注解：顾客还是嫌贵，看来价格问题不解决，无法成交，这已经是顾客第八次嫌贵了，看来有更深层次的问题需要解决，难道是顾客已经有其他选择了吗？会不会有竞争对手已经抢在了我们前面？于是，导购员开始转换套路，主动发现问题、寻找答案。

哦，大哥大姐，您一直说贵，很冒昧地问您一个问题，您为什么觉得贵呢……是不是别人比我们便宜呢？（顾客：是呀，我们在梦幻年华家具店里看见有8000元一套的。）哦，理解、理解……

注解：在导购员的启发下，顾客终于说出了嫌贵的真实原因。在顾客说出原因后，导购员马上表示理解。

外面的家具不只是有8000元一套的，也有4000元一套的呢！您跟他讲讲价，3000多元一套都可以订得到，但是那样的家具您会买吗？

注解：这段话非常关键，导购员采用比较法，成功地破坏了顾客对竞争品牌的购买信心，让顾客看到了低价的本质，使得顾客对低价产品失去兴趣。

我们这个店在这里整整开了7年，以前旁边还有几个店也是做专门针对年轻人的家具的，后来都撤了。我跟您讲年年都在换品牌，都在换厂家，您看看旁边那家又在装修了。为什么，您知道吗？很多小厂家是卖了家具就逃跑。也有质量问题太多，顾客投诉太多被商场清退的。我跟您讲，您可以到商场管理处去打听打听，看看我们有没有被顾客投诉过。

注解：用最直观、最有力的证据，包括老顾客见证来塑造顾客对我们产品的信心值。打击对手的语言千万不要太多，点到为止，不然会引发顾客的反感。

不好的家具，不环保、不健康的家具不是为了孩子，而是会害了孩子的，而且不是一两年，而是整个小学、中学阶段都毁了呀。为了几百块钱，绝对不值得。您说是吧……

注解：让顾客快乐，不如让顾客“痛苦”。让顾客趋利避害，这样的导购语言在关键时候能够收到奇效。

（顾客：价格太贵，比大人家具都贵……）嗯，我赞同您的意见，大哥大姐，您说是事业重要还是家庭重要呀？大人重要还是孩子重要？在家庭里面，孩子永远都比大人更重要，您说是吧？孩子是未来，是希望呀……您是给孩子选家具，不是给自己选家具呀。给自己选家具，当然是要便宜点好，勤俭节约是我们中华民族的美德。但我们是在给孩子做家具、选家具，就一定马虎不得，必须选最适合的，不能图方便、贪便宜，所以我们才留下了“孟母三迁”的感人故事，您说对吧……家具是有品格的、有文化的、有气质的、有性格的，一样会影响到孩子，要选就选品德端庄的家具，价格贵点也是值得的，您说是这个道理吧……嗯，为了防止出错，我们再把订单核对一下，好吧……

注解：当顾客第九次嫌贵的时候，导购员没有绝望，而是抛出了绝招——亲情感化法结合望子成龙法，再结合文化认同法，并果断逼单。

（顾客：要不你给你们老板申请一下，给我个特价好啦。）

注解：谢天谢地，功夫不负有心人，历经九次磨难，顾客终于答应购买了。其实，导购员等的就是顾客讲出这句话，只要是讲出这句话的顾客，100%都能够成交。

哦，可能是我刚刚没有说明白，我们是全国统一价的，除非是团购，而且要报经我们广东总部批准。我明白您的意思，您呀，是怕买得比别人贵了，自己吃了亏。这样好了，我给您看看，我们这段时间的订单……您看看，这里有万科星园的顾客、杨树湾的顾客、金色家园的顾客，您看这位王先生，跟您选择的产品是相似的，价格也是这么多对吧……还有这位李小姐，价格还更高，因为当时她加急了，而且改色……对吧，不会错的吧，呵呵……来，您再核对一下产品……

注解：这段话采用了老顾客见证成交法，让对方感受到自己享受到了最高级别的礼遇，是唯一获得这种礼遇的顾客。用在这里的目的并不在于成交，而是在于给顾客指出一条出路，就是申请团购，降价促销。遇到这样顽强的顾客，不降价是很难成交的。我们要把握一个原则——不是不可以降价，只是不能轻易降价。

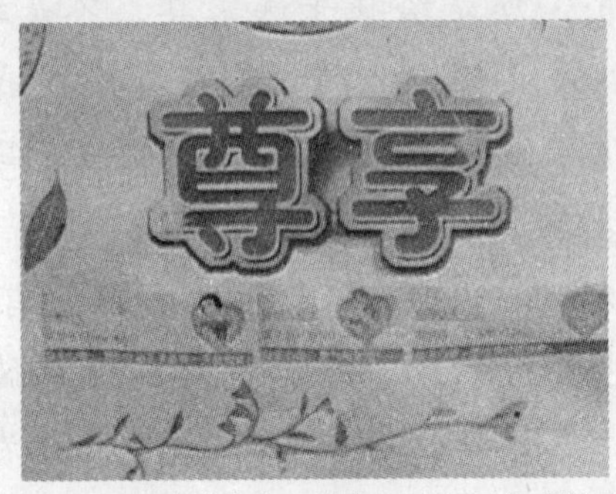

导购员有义务让顾客成为自己的唯一，让顾客感觉受到了最高礼遇，享受到了尊享级别的待遇。

五、固化需求并果断成交详解

（顾客：我还是想跟你们老板再谈谈。）呵呵，我们老板长期在世界各地出差，我去哪里找他呀，一年到头都很难见上一面的，真的。不过今天，非常幸运，刚好我们店长在这里，要不您跟店长谈谈，好吧……（顾客：好呀）小蒙店长，快来帮帮忙呀……

注解：顾客希望跟领导交谈，事情就好办了。我们就可以采用电话成交法、请示更高权威成交法。在请示更高权威成交法的时候要注意，只能请示到店长级、经理级，不能请示到老板级，更不能预约普通顾客与老板面谈。

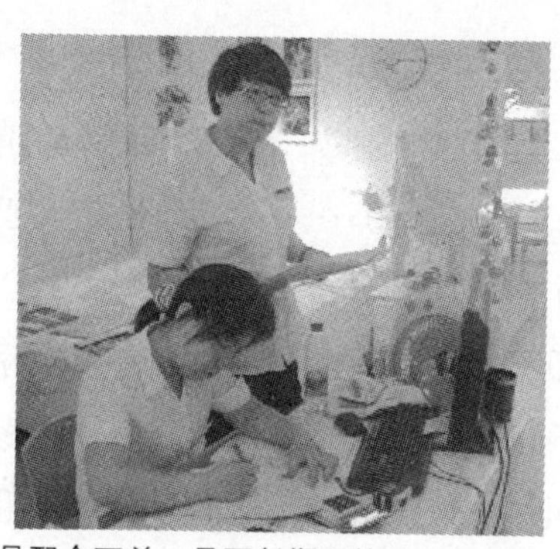

两名导购员配合下单，是要长期训练的，并逐渐产生默契。要注意一点，只能有一个主力导购员代表专卖店，另外一个导购员只代表顾客的朋友。

（小蒙店长快速了解情况，两个导购员快速完成交接工作，小蒙店长成为主力导购员。）

注解：小红主动地向店长说明情况，并积极地把店长推荐给顾客。在店长成为主力导购员之后，小红依然跟随在顾客旁边，面对着店长。小红要注意自己的站位，不要与店长站到一起，要与顾客站到一起，成为顾客的左膀右臂。

价格问题在我们这里不是问题，因为我们的确是全国统一的。

注解：这句话的目的在于降低顾客的心理预期，不要让顾客在价格问题上抱太大的希望，让顾客做好最坏的打算。

刚刚我也听到了，我们小红姑娘是新上任的导购员，有什么照顾不周的地方，请您多原谅。

注解：这表面上看是一句客套话，其实内藏玄机，为后面的成交埋下了伏笔。小红姑娘并没有告诉过顾客自己工作已经5年了，不会引起顾客的疑惑。这段话也可以换成——刚刚我也听到了，我们小红姑娘，刚请了两个月假回家结婚去了，嗯……嫁了老公就把自己的工作忘了，呵呵……，有什么照顾不周的地方，请您多原谅。

（顾客：小红服务很出色呀，我们很喜欢。）

注解：顾客认可我们的家具，是从认可我们的导购员开始的。我们常说，做人比做事重要，只有做好人，才能做好事。顾客能够认可小红的服务，店长心里就有数了。

呵呵……那就太好了呀。嗯，有您两位的肯定和鼓励，我们的小红妹妹一定会越来越出色的……两位还有哪些不满意的尽管跟我提，我会努力解决的……

注解：这段话可不是简单的客套话，这段话是告诉顾客，导购员有导购员的责任，顾客也有顾客的责任，大家都真诚相待，相互鼓励，保持宽容，社会才会和谐。还是那句话，我们不是卖家具的，我们是卖文化的，我们的文化是和谐。

主要就是价格问题是吧？

注解：如果顾客没有提及问题点，店长要主动提出价格异议，针对问题解决。

（顾客：是呀……）小红，你打折了吗？价格是多少呀？把单给我看看。我再算算……小红呀，你怎么搞的，你给大哥的价格算错了呀。

注解：这段话一出，顾客必定会非常意外，而且会很关注，顾客会本能地认为肯定是价格算多了。

你看看，我都说过很多次了……我们的摆场调整过了，衣柜里面都加装了裤架和小抽屉。您在给大哥大姐报价的时候，忘了加上去呀。这在发货的时候会出问题的呀。货送到大哥大姐家里，安装好了，发现产品跟我们今天摆场的产品不一样，少件了，没有裤架和小抽屉，大哥大姐会很失望的呀……所见即所得，顾客看见什么，我们就要给顾客什么，丝毫马虎不得……

注解：这段话一出，顾客终于有点头绪了，原来是有两个小件产品出了问题，不是什么大问题，店长很负责任，还好及时发现问题，应该能够圆满解决。

小红：哎呀……对不起，大哥大姐，我刚刚算错了价格，少算了 80 元，就是衣柜里面的这个裤架和小抽屉忘算了，总价应该是 13920 元，实在是对不起。

注解：顾客心里会有一丝不快，原本是找店长来给个优惠的，没想到价格反而更高了，但又不得不佩服店长尽职尽责，做事认真，小红的服务也很好，只是有个小失误。顾客心里会想，看来今天是要花费 13920 元买这套家具了。

店长：你都已经给大哥大姐报过价了，是不可以随便改的，那样多让人失望呀，这是诚信问题。念在你是新人的份上，还是店里来承担这 80 元的损失吧。

注解：表面上这段话是说给小红听的，其实也是说给顾客听的。店长的这种实事求是、一丝不苟、勇于承担责任、把顾客当亲人的服务精神，是能够感染顾客、感染小红的。

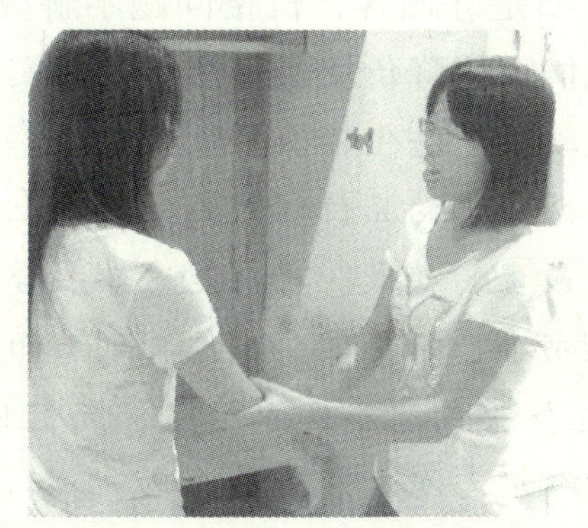

导购员央求店长的这段对白中，是有很高技巧的，最需要演练的是表情、动作。

小红：不，店长，是我的错，这 80 块钱，一定要我出的……

注解：在店长、顾客的关心、鼓舞、启发下，特别是在店长的这种责任意识感召下，小红决定勇敢承担起自己的责任，把困难留给自己，把方便留给别人。

大哥：好了，好了，小红也不是故意的，不就 80 元嘛，我出了，店长你也别怪小红了。

注解：顾客是世界上最善良的人，怎么忍心让小红承担损失呢，何况小红的服务是得到顾客认可的。在关键时候，顾客再一次帮助了我们，成交的机会终于来了。

店长：大哥大姐，这是我们管理的失误，应该由我们承担责任的，您放心，我们会努力为您做到最好的，呵呵……请到这边来办一下手续，办完手续我们还会有一个惊喜给您呢……

注解：店长抓住机会果断成交，并坚决不推脱自己的责任，体现出良好的道德品质、职业素养，这样的店长能不打动顾客吗？我们销售的不是家具，我们销售的是责任，是爱与归属。告诉顾客成交后还有惊喜，更能让顾客对成交充满期待。

（顾客：价格太贵了，找你来给个特价，无论如何你也要帮帮忙……）

注解：顾客依旧是好顾客，价格问题不解决，依旧无法成交。遇到这种情况，我们可以降价促销，可以换更实惠产品，可以让顾客再去比较……主动权还是在店长手里。

我理解您的心情，您的品位非常高，您看上的这套家具是非常经典的款式，也是最贵的款式。特别是这款书台的价格太高了，其实很多书台比这款书台价格更实惠，您再到里面看看……您看，同样是转角书台，这个款式就要实惠很多，而且同样适合孩子的房间，价格要便宜400元，您这下满意了吧？

注解：店长带着顾客去看了新产品，价格也降了400元，试探顾客的反应。

（顾客：不好，不好，我还是要刚才那套，你再给我便宜点吧，要不我去买梦幻年华的了……）

注解：顾客的反应已经探明了——对我们的那款赫普尔怀特韩式套房情有独钟，轻易不会放弃，也不会去购买别家的产品。

就看上这套了是吧，呵呵……坚决不改了呀？商场里面类似的产品很多呀，您就不再去比较、比较了呀？货比三家呀，这样您才不会吃亏呀！要不您再去比较一下，回来我们再谈，晚上下了班，我请您吃饭好吧，呵呵……（隔手的金不如到手的铜，所以高手绝不放顾客走。但是真正的绝顶高手，会分析情况，该放还得放。这样有助于降低顾客的心理预期。)

注解：店长竟然有意放走顾客，这是非常危险的，但是店长为什么要这样做呢？其实，店长已经决定降价促销了，这段话只是在为后面的降价促销做准备，并不是真想放顾客走，当然店长这样做是冒了风险的。这段话的真实用意在于，以退为进，切断顾客走的想法。只有顾客承诺不走，店长才会降价。这段话的真实目的在于获得顾客承诺。

(顾客：都比较过了，就你家的产品价格最贵。)

注解：店长成功地获得了顾客的承诺，顾客不会走，那就可以适度降价。

嗯，我认同您的想法，东西不是越贵越好，越奢侈越好，而是要适合，要和谐是吧，呵呵……那您觉得您看上的这套家具，最适合的价格应该是多少呢……

注解：世界上最好的成交法就是让顾客自己报价。在顾客报价以前，导购员啥也不用做，微笑加肯定地看着顾客就可以了，让顾客感受到大家的期待。

(顾客：也就 1 万元左右吧。)

注解：顾客第一次报价会非常小心，通常这个价格会超低，低到顾客自己都不会抱希望，这绝对不是顾客可以接受的最高价格。

啊……！天啊……大哥大姐，您别开玩笑好不好呀，为了公平起见，您还是说个再合理些的价格好不好呀（闭嘴成交法，只要顾客不开口，导购员就坚决不能开口）……

注解：经验丰富的导购员是不会认可顾客的第一次报价的，而且会强烈地表现出失望、惊叹、不情愿，这是标准的议价状态。这样的谈判状态，会给对方造成压力，这种压力会促使价格抬升，促进销售达成。说完这段话，导购员就坚决闭嘴，啥也不讲，静静等待对方开口，给对方思考、决策的时间。

（顾客：12000 元，最多就这么多了。）嗯，大哥大姐，您这个报价很真诚。看得出来您是有诚意的。我们现在的价格差距还有 1920 元。说句心里话，这 1920 元，就是我们专卖店赖以生存的利润。您也是生意人，您也知道，做生意一定要赚钱，不赚钱的店就是反社会、反人类，不符合发展规律，不和谐，您说对吧……我们的店面租金、管理费、货运费、水电费、安装费、售后服务费、员工工资，就靠这 1920 元来开支的。这 1000 多块钱，对您来说只是个小数目，对我们来说却是唯一的收入来源，赖以生存的口粮呀。尽管我们是厂家直营店，但是利润负债是单独核算的。每少挣 1 块钱，对我们的专卖店来讲，都是一种危机，现在的生意真的很难做呀。相识是缘分，也是一种信任，大哥大姐，我今天破例给您申请一个非常优惠的团购价格，但是有几个问题要先讲清楚。

注解： 人都是讲道理的，顾客都是善良的、友好的，只要我们真诚地把事情讲清楚，把价格透明化，顾客是支持我们的，顾客和我们是可以实现双赢的。在讲这段话的时候，导购员还不忘突出我们是厂家的直营店，在做足铺垫以后，导购员终于抛出团购机会。

首先，您今天能不能定下来……能是吧！

注解： 这一步叫获得客户承诺，是降价前的必做功课。不仅要承诺，还要很坚定，敢于承诺的顾客才是负责任的顾客，才有可能

到了决定成败的关键时刻，导购员的表情显得庄严而凝重，
甚至有一丝不情愿、舍不得卖、赶顾客走。

成交。

在申请团购之前，您再把订单上的产品核对一下……没错了吧，呵呵……

注解：这一步叫唯一排除，必须确保除了价格异议，再也不存在其他任何的产品异议、服务异议……价格因素是交易不能达成的唯一障碍。

再就是，要是万一这个团购机会申请不下来，您也别生气，为了孩子，我们大家都尽全力，好吧……

注解：这一步叫降低顾客心理预期，为后来给顾客一个惊喜打下基础。

还有最重要的一点：不要一会儿，我给您申请了一个团购价，您又反悔了，说还要去接孩子放学，还要回家商量商量，告诉我还要去比较比较，如果您还想比较的话，我建议您现在就去，好吧……

注解：这一步叫阻断退路，这一步非常关键，避免顾客采用车轮战。这段话是真的在赶顾客走，如果顾客要走，千万别留。只有主动留下的顾客，才能进入下一导购流程。

（顾客：先说说团购价是多少好吧？）好的，我在电脑里给您查一下，目前在举行的是和平小学儿童家具团购会，您这一套算下来是13200元，您不用再说价格贵，没法再便宜了。为了孩子，多花这1200元是值得的，少请朋友吃顿饭，或者多打一圈麻将，要不劝老公少抽两条烟，就回来了，好吧……您是给全款吧？团购都是全款的。现金还是刷卡？现金好吧，刷卡商场会扣我们手续费的。您什么时候要货？15~30天内是吧？超过这个时间段是不行的。好的，我马上给您电话申请……

注解：如果顾客有问到价格，我们就查价格给顾客，如果顾客不问，我们也可以不报价。顾客再次承诺过后，导购员就可以正式电话申请团购优惠了，当然申请只是个过程，不出意外是可以申请下来的。

喂……陈店长，我有客户想报名参加你们的团购，嗯……你放心，送货费用算我们店的，嗯……放心我全款付给你……对，今天就付（转头问顾客：带钱了吧?）……哎呀，你这人就是啰唆，你少跟我谈公司政策，我在这里上班的时候，你还在上托儿所呢……销售额当然是算我们店的呀，你帮我一次，下次我也帮帮你好了呀……大姐不欺负你欺负谁呢……没有问题了吧。好的，15 天后你把货交给我就行了，好的……上回说请你吃饭一直没兑现承诺，这回大姐我一起补上……

注解：很显然，小蒙店长是在打电话给别的店长求助，希望得到帮助。在打电话的同时，还询问顾客钱带了没有，这句话很关键，这是再次获得顾客承诺。如果顾客说钱没有带，团购肯定申请不下来，如果顾客说钱带来了，团购机会肯定能申请下来，就算一次不行，小蒙店长还会多次申请。

OK 啦！喔……（全体导购员鼓掌，制造热销场面，让顾客不能反悔。）恭喜大哥大姐，终于为孩子选择到了最满意的家具……订单您确认一下……大哥您先坐会儿，我带大姐去收银台（拆散顾客，避免顾客再商量。）……您小心台阶（扶住顾客，一直扶到收银台，防止对手来抢。）……大姐，您皮肤保养得可真好呀（转移话题）……大哥是干什么工作的呀，这么有钱……万科星园小区现在的入住率高不高……您跟小区的物业熟不熟，过几天我们想去小区搞搞促销活动……（转移话题，直到交钱送客。节假日，交款的人多，为了避免顾客排队，发生意外，我们可以自己收钱，给顾客开具收款单。然后去帮顾客交钱，再次开具收款单，并换回刚才的收款单。）

注解：这段话的关键在于制造热销场面，所有导购员鼓掌，恭贺顾客选到了满意的家具。使顾客感受到我们尽了最大的努力，我们尽到了自己所有的责任，我们真的付出了。使顾客感受到，这次成交是一个皆大欢喜的大团圆结局，是一场多边双赢的谈判。当顾客决定去交款以后，导购员还要做好成交过后的保护工作，避免发生意外。这个时候跟顾客的关系应该非常亲近、随和，避免出现紧张气氛，要提前进入成交后状态。

此刻，导购员可以尽情地鼓掌、欢呼，与顾客拥抱，庆祝胜利，为顾客祝福，制造出欢乐和谐的成交氛围。

六、超越期望并跟进搭销详解

（交完款回到店里）大哥大姐这是送您的礼物，漂亮的海豚闹钟，呵呵……还有一个惊喜要送给两位，就是幸运大抽奖……祝愿大哥大姐福星高照、财源广进。四等奖送小玩具一份儿，三等奖送大玩具一份儿，二等奖现金100元，一等奖现金200元，呵呵……我跟您讲，到目前为止，还没有谁中过一等奖呢……不过中四等奖也好啊，礼物很精美的……

注解：抽奖活动，一样要先降低顾客的心理预期。其实，中不中奖不是最重要的，最重要的是要让顾客觉得有趣，觉得是一种幸福、幸运。

大哥大姐！谁来抽奖呀……要不两位石头、剪刀、布，呵呵……

还是大姐最厉害，呵呵……几下就把大哥搞定了，呵呵……

一等奖……一等奖……一等奖……

哇塞……有没有搞错！真的中了一等奖啊！恭喜大哥大姐（所有人鼓掌、拥抱）大哥大姐，您太有财运了呀……一定要再摸摸您的福气手……这个社会，为什么总是富的越来越富，穷的越来越穷呀，呵呵……现在我们颁发现金奖——200元，所有导购员列队……鼓掌……太让人嫉妒了……

北京A家居连锁经常组织大型的抽奖仪式，回报消费者，打造家具在顾客心目中的品牌印记。

注解：抽奖的整个过程非常重要，所有的导购员有没有为顾客加油打气，有没有给顾客受宠若惊的自豪感，有没有真心诚意地祝福顾客，有没有歇斯底里地为顾客高兴、欢呼，有没有与顾客握手拥抱，这是比中奖本身更加重要的。精神上的激励永远胜过物质上的奖励。

对了，大哥大姐，床垫还没有选吧？快来来来（生拉硬拽）……我们的床垫可好了，我们厂家是专业做床垫的……

还有，还有……这个铅笔衣帽架和地柜您一定要配齐了，这样房间更加充实……

还有，还有……床上用品少不得，我们的床上用品是根据我们床体的造型有针对性地单独设计的，与床呀、衣柜呀、地板呀搭配得特别和谐……

顾客中奖，导购员一定要比顾客还高兴，抓住机会拥抱顾客，祝福顾客。

注解：顾客是世界上最善良的人。当顾客快乐的时候，他会与我们分享快乐，给我们更多的激励和惊喜。我们要做的只是别把顾客当外人，要当顾客是亲人。只要我们当顾客是亲人，顾客就会当我们是亲人。试问，如果是亲人来到专卖店，我们应该如何接待亲人呢？在跟进搭配销售环节，我们一定要把顾客当亲人看，可以打闹、可以嬉戏、可以嗔怪……你觉得如何能表达出你对亲人的爱，你就如何表达。再把这种情感带回家，传递给您的家人。

恭喜大哥大姐，选择到了这么合适的家具，孩子一定会高兴得不得了，呵呵……以后啊，您一定要经常来店里坐坐，您就是我们的亲大哥、亲大姐……这些礼品我帮您拿车上去吧（送顾客去停车场，与顾客聊天什么都可以聊，只是不能聊家具的话题，避免顾客还在商场里面比较转悠）……

大哥大姐再见……（所有导购员到专卖店门口送行）

注解：终于送走了顾客，店面导购工作结束了，服务工作还会继续……

一天天，一月月，一年年，迎来送往，周而复始，精心地为顾客营造幸福，真诚地对待顾客，真诚地对待家人，真诚地对待朋友，真诚地对待自己。做导购员久了，我们就会拥有一颗感恩的心、一颗知足的心、一颗自强的心、一颗和谐的心。

[illegible]

[illegible]，[illegible]的人，[illegible]的时候，他会与我们分享快乐，给我们更多的鼓励和帮助。我们要感谢[illegible]人，[illegible]。只要我们[illegible]亲人，[illegible]我们是亲人。试问，如果是亲人来到[illegible]，我们[illegible]人呢？[illegible]我们[illegible]，可以[illegible]，[illegible]。

[illegible]

[illegible]

[illegible]

天天[illegible]，一年年[illegible]来[illegible]。[illegible]，[illegible]地对待[illegible]，[illegible]。

第四章　和谐励志

本章我们将简述一个导购员励志培训的典型案例。培训时间为期8天。参会人员为北京A家居连锁旗下青岛一木、鼎盛沙发、艾伦之家、快乐驿站、梦幻年华、木槿之恋、星星索、松宝王国、榆木堂、红木堂家具专卖店全体导购员、店长、品牌经理，总计120多人，年龄以20多岁年轻姑娘居多。

培训目的很明确，时逢端午、六一双节，公司决定做促销活动，促销时间定为5月28日至6月1日，共计5天时间，相关工作已经准备就绪。万事俱备，只欠东风。何谓东风呢？东风就是导购员的促销状态。所以，公司决定在这个关键时候，举行一场全员参与的励志培训，目的是调动大家的工作激情，确保促销活动期间，所有人员能够健康快乐地投入工作。

A家居连锁的管理是非常规范的，员工也非常敬业，各种励志训练也经常开展。在家具行业，A家居连锁拥有最好的老板、最好的员工、最优良的企业文化。所以导购员本身已经很出色了，而且很敬业。但是，由于导购员都很年轻，管理又出现了一个棘手的问题——少年维特之烦恼和促销恐惧症（又叫星期一综合症、上班综合症，家具行业称为星期五恐惧症）。20多岁的姑娘在爱情上、事业上的烦恼自然是不少。

少年维特之烦恼具体表现为：导购员一年之中就有半年处在相思、失恋的焦虑和痛苦中无法自拔，韩剧看得太多导致不实际的爱情幻想过多，导购员上班时喜欢玩手机，喜欢发短信给男朋友，临近下班时开始浮躁不安，夜生活过于丰富睡眠时间不足，生活中的烦恼带到了工作中来，嫌收入少总是不够自己花销，总是羡慕别人比自己幸福……

促销恐惧症具体表现为：导购员一到销售旺季就紧张，晚上就睡不着觉，躺在床上就开始想问题——明天就是节假日了，就要促销了，会有很多客人来，应该用什么方法留住顾客，如何提高成交量，要避免哪些错误，要如何完成公司的销售任务……出现这种症状的导购员非常多。由于晚上没有睡好觉，第二天就特别疲倦，没有好的销售状态，在导购过程中失误增多，顾客流失率增加，然后导购员就更加自责、更加痛苦、更加睡不着觉，就这样恶性循环……

这次培训的真正目的，就在于缓解导购员的这种紧张情绪，避免促销恐惧症，激励员工，确保促销成功。促销活动为期 5 天，我们的励志培训活动为期 8 天。

本章我们将以这次培训为案例，具体讨论企业如何对员工进行和谐励志，才能更好地维护企业文化，达到励志效果，实现营销目标。

北京 A 家居连锁培训会场一角，要将培训会场精心装扮，多贴标语，会前要做预热活动。

一、寻找幸福感

时间是2009年5月26日，星期二。地点是北京市西四环红星美凯龙家具广场6楼会议室，培训形式是集体培训，培训讲师——王大王，A家居全体导购员的老朋友。在非常欢快的气氛中，王老师出场了……

王老师：各位帅哥，各位靓女……下午好，很高兴我们又见面了。刚才齐国庆总经理过谦了，我可不敢做齐总的老师，其实在很多地方，齐总都是我的老师，你们也是我的老师，各位老师我爱你们（掌声响起）……告诉我，你们也爱我嘛？（爱！）为什么只有男生在叫喊？（笑声响起）……再来一次，你们爱不爱我？（爱！）……你们真的，真的，真的爱我吗？（真的！）谢谢……谢谢……人都是喜欢听心里话的，呵呵……

开个玩笑，各位。刚刚我看到一个现象，特别让我感动。就是我手里的这瓶矿泉水。今天人很多，天气很热，当后勤人员把一箱矿泉水满头大汗地扛进培训室的时候，我看见一群姑娘冲了上去，不是去抢水，而是询问楼下还有多少箱水没有扛上来。没等后勤人员同意，已经至少有5个姑娘从6楼冲了下去，帮大家扛水去了。各位学员，A家居的水最甜呀，因为我们A家居的员工总是吃苦在前、享受在后，处处为别人着想，处处为集体着想，这样的团队是天堂，这里的水都是甘泉呀。王老师走遍全国各地，只有A家居最让我留恋，最让我感动，在王老师的眼里，你们个个都是那样美丽动人，惹人喜爱。（掌声……）

好了，各位，我今天来不是做老师的，更不是来给大家做培训的，而是我个人的感情生活出了点小问题，需要大家帮助我，给我指点迷津，我说的是真的……

这里我带了一封信，这封信都已经写了12年了，大家看，都已经发黄了，邮递员从黑发人等成白发人了，我还没有把它递交出去，这封信困扰我太久了。大家猜这是封什么信？（情书！）了不起……你们太有才了，的确是一封情书。一封写了12年没敢递交出去的情书。泰山有多重，这封信压在我心里就有多重；长江有多长，这封信缠绕在我心里就有多长……我要不要给大家读读这封信呀？（要！）大家想不想听呀？（想！）真想？（真想！）不后悔？（不后悔！）

好吧……大家耽误一天的时间，影响了几十万元的销售，竟然是来听我王某人读一封老掉牙的情书，我王某人真是受宠若惊呀（欢笑声！）……既然大家有如此雅兴，那我就恭敬不如从命了……

写这封情书的时候，是10多年前，那时大王老师刚大学毕业分配工作。大家入静……深呼吸……吸气……吐气……吸气……吐气……

小红，还记得嘛？小学四年级的时候我俩是同桌（欢笑声……）。其实早在二年级的时候，我就盼望着能够跟你同桌了，那个时候你就坐在我前面。从小学到中学、大学、出来工作，直到现在，在我的心里，你一直都是最漂亮的、最可爱的，你笑起来比世界上所有的女生都开心，都甜美（掌声……）。

我还记得，你家就住在河边上，那栋楼应该有5层高吧，你家住3楼。我家住河对岸，但是从我家的位置，看不到你家，因为被河边一些低矮的厂房、烟囱和树木挡住了视线。我们之间相隔了一条小河。只要是不下雨，河水就不会太深，很多同学上学、放学都喜欢卷起裤角，蹚水过河，然后回家。当时我是最爱干这件事了，无论夏天还是冬天，甚至是下雨天，只要不特别赶时间，我都会蹚水回家，我喜欢玩水。为此，老爸老是打我，老妈老是骂我，太不懂事。他们不理解，为什么我总是喜欢湿漉漉的回家，在他们看来，蹚水过河是不安全的，万一涨水会把人冲走的，明明几百米远的地方就有一座桥，为什么我不从桥上走，为什么总是让他们担心。我很喜欢那条小河，但是喜欢的理由跟其他同学是不一样的，不只是因为贪玩儿，更重要的是，每次到河边都能看到你们家的房子，偶尔还能看到你和你姐姐、弟弟在阳台上嬉戏、打闹、做作业。即便大多数时候你并不在阳台上，可我总感觉你就在阳台上，你在注视着我，所以一到河里，我就能玩得很开心，哪怕一身是水，都不觉得凉（远眺，沉思……）。

与学员一起重温童年，追忆往日的欢愉，回归心灵的纯净。

心里很想跟你的距离再近一点，再亲切一些，多说上一些话，在一起做游戏，但是一直不敢，心里一直很矛盾，这种矛盾到中学以后成为了一种彻夜难眠的酸痛。

我们班里有个男生名叫陈陶，他个子小小的，但是很凶悍，而且跟你是一个姓，经常看到他跟你在一起很开心地玩耍。在上学、放学的路上，他能很大声地喊你的名字，很自然、很正常地跟你愉快地交流，这些恰恰是我做不到的，也是不敢做的。所以，我就很羡慕他，也很嫉妒他，逐渐发展成为害怕他，因为我觉得他才是你的保护神，而我不是，我没有他那样的爽朗和自信。这是我不敢靠近你的原因之一。

你的学习成绩很好，而我却很差劲。全班60多名同学，按照学习成绩排队，从后面往前面数，我是前几名。老师们都说我懒，不爱做作业，长大以后不会有出息的。因为不爱做作业，还长期被罚站墙角，非常丢脸。这一直让我在你面前抬不起头来，跟其他同学相比，也觉得低人一等。回到家，夜里睡觉的时候，我喜欢趴着睡，一边睡觉一边想，要是我能变成超人，像鸟一样飞翔，带着你一起高飞，一起穿山越岭，该多好啊！那样的话，我就不会被别人看不起了，就会有很好的前途，就能给你带来幸福和骄傲，就敢跟你说话了。还能飞到你家阳台上看你，还能带着你一起飞，让所有的人都羡慕我们，想着想着，就笑眯眯地睡着了。第二天，到学校，梦醒了，老师检查我的作业，倒霉的一天又开始了。这是我不敢靠近你的原因之二。

在学校里，我总是会做出一些很荒诞的事情，比如有一次，我把谢华云的数学家庭作业本子封面给撕掉了，然后换上自己的名字，冒充自己的家庭作业交给老师，结果被老师狠狠地批评了一顿。除了不做家庭作业外，我还逃课，中午不睡午觉，跑到外面洗澡，经常撒谎，说话颠三倒四，给大家的印象很不好。终于有一天，同学们开始认为我神经有问题。我也搞不清自己的病会不会传染，所以就更不敢靠近你了，怕别人也笑话你。这是原因之三。

我们家并不富裕，老爸一个人的工资，要供养我和姐姐上学，要不是在台湾地区有个富亲戚，时不时地接济我们家，估计连沙发都买不起，别人家已经开始买电视机了，我们家还没有买，看电视还要去厂里电视室看公共电视，这让我更加没有了自信。而你在我心里是那样的高贵、神圣、不可侵犯。而且你姐姐还是著名的杂技演员，在省里都获得过二等奖，当时表演的节目叫蹬伞，我们家的橱柜上还贴有杂技演员表演蹬伞的海报。你弟弟的眼睛也特别大，你们一家人都很优秀、很富足，所以就更不敢靠近你了。这是原因之四。

尽管老师们都说我很调皮、很懒惰，但是我是个单纯的孩子。

其实，小学三年级以后，我就在想到底应不应该喜欢上你呢？喜欢上女生是不是证明我是坏孩子呢？既然我是个坏孩子，而你是个好孩子，那就不应该跟你在一起。那年学英雄赖宁，我天天盼望着学校附近的树林起火，除非我能够为国家做出突出的贡献，除非能够成为同学们都敬佩的人，才有资格和你在一起，可是这样的机会一直没有出现。这是原因之五。

小学五年级的时候，由于自己调皮捣蛋，跑到兵工厂里面玩儿，把自己的腿给轧断了，差一点成了残废，为此休学一年。第二年见到你时，你上六年级，我还上五年级，你竟然成了我的师姐，这是我最痛苦的一件事。一次早上学校做广播体操，你兴高采烈地和几个同学一起跑来看我做广播体操，还一个劲地咯咯笑，然后说：动作很好看嘛，不错呀。我当时满脸涨得通红，低着头不敢看你，整个心脏都差点蹦出来了。有惊喜、有自责、有愧疚、有期待……很想去看看你上课的样子，特别想看看你上体育课的样子，看你跑步，看你欢笑，但是不敢去看，因为我留级了。这是原因之六。我也想过好好学习，赶上你们，再次成为你的同桌，但是最终没有实现愿望。

回忆与你同学的日子，有几件事是我最难忘的……

找几个典型事件，引起学员的注意，让大家产生共鸣，使大家心灵相通。

小学三年级，学校数学竞赛，我竟然破天荒地获得了三等奖，那是我空前绝后的一次获奖，当时全班只有我和刘兵两个人获奖。上台领奖的时候，我高兴得不得了，仿佛看到了自己人生的希望，于是我开始大胆地接近你，直到后来成为你的同桌，真的很感谢老师，让我可以成为你的同桌，那是我最幸福的一件事。

成为你的同桌后，我学习成绩似乎有了很大进步，当然我指的进步是从来没有考过倒数第一名，那已经很不错了。记得有一次，你带了一把非常可爱的扇子到学校来，是可以折叠的那种工艺扇子，天气热的时候可以用它扇风，你还非常慷慨地把扇子借给我用，可是我没有珍惜，被其他同学抢走了，结果弄坏了，我又悄悄地把扇子放到你的桌子上。你发现扇子坏了以后，气得就哭了，抓起扇子用力地打在我的左肩上，然后就不理我了。虽然不痛，但是我哭得比你还厉害，一边哭还一边辩解，扇子不是我弄坏的。该死，我一直都回想不起来是谁弄坏的，是谁抢走了我的扇子。为此，我一直很自责，很懊悔，直到上中学、上大学都还因此而懊悔。我痛恨自己没有能力保护你，胆小、怯懦、愚蠢、懒惰。但每当想起你打我的样子，又觉得很幸福、很陶醉，又似乎是我人生当中最幸福的一件事情，我甚至都能依稀闻见扇子的香味。

我每天上学、放学都故意绕很远的路，就为了能经过你们家楼下。终于有一次，你在楼上看见我了，你和你姐姐兴奋地跑到阳台上，然后你姐姐很逗趣地对着我喊：大王，我知道你叫大王。而你在一旁咯咯咯的笑着，是那样的美丽！我抬着头，仰视着你们，那一刻，我感觉到自己是世界上最幸福的人。因为你姐姐也知道我的名字，说明你在家里提到过我，说明我并不是那么让人讨厌，说明我并不是个坏人，说明我还是有希望的。我高兴，我得意，我第一次有了一丝自信，于是我迅速地跑开了，我要留住这份幸福，身后依稀传来你和你姐姐咯咯的欢笑声，我也不断地回头张望。从此，你们家的阳台就像磁铁一样，吸引着我的视线。唯一的遗憾是，我没有勇气，跑上三楼，没有勇气敲你们家的门。

又一次放学，我和几个男生又去蹚水过河，发现了阳台上的你，你冲我挥手，很快你姐姐也站到了阳台上，我抬着头，看着你们，再也舍不得离开。你跑到房间里面，拿了很多鲜橙，从楼上扔给我们，叫我们接住。河岸本来就高，你家又住三楼，鲜橙下落的速度太快了，我根本就接不住，结果那些可爱的橙子全撞到了河里的石头上，砰砰……一个个全乐开了花！所有的人都在欢叫，都玩得兴高采烈，仿佛是在举行一场盛会，一次狂欢，也是我今生唯一的一次狂欢节，鲜橙和欢笑声不断地倾泻下来，向四周飘散，散发出的香橙味道，让我终身迷恋……

四年级的时候，学校组织舞蹈比赛，每个班出一个节目，我们班出的节目是孔雀舞，由你和另外一位女生谭丽登台表演，那天你化妆了，穿了孔雀装，比孔雀还要漂亮，比赛还没有开始，全校同学都到齐了，按照班级为单位，在操场上划区坐好。我那天很不老实，一会儿偷看你一眼，一会儿又偷看你一眼，而且竟然用小石子在地上写你的名字，这是我第一次这么大胆。终于被马良老师发现我不老实了，结果被处罚蹲马步。到你上台表演节目的时候，我可兴奋了，可惜我的位置不好，前面的人太多，老师又不让我站起来看，几个精彩的高难度动作，我都没有欣赏到。

我也有一个姐姐，比我大两岁，叫王军，学习成绩也非常好。她经常问我：你老说你喜欢小红，你有送过礼物给她吗？我总是很幸福地告诉姐姐，我有送过东西给她，就是过圣诞节的时候，我从圣诞树上摘下的小圣诞老人，那种毛绒玩具，很小很小个，我送给了小红两个，小红也送过东西给我，就是她家楼下有家牛肉干厂，厂里的牛肉干特别好吃，小红有送过牛肉干给我。从此我爱上了吃牛肉干，而且只吃那个牌子的，直到买不到这个牌子的牛肉干为止。

五年级的时候，上地理课，我发现前苏联的国土面积比我们中国还大，为此十分生气。你告诉我，前苏联是个加盟共和国，就是很多个国家联合在一起的，所以叫苏联，其实还是我们中国最大、物产最丰富。你是那样的自信，充满了生趣，而且知道得那么多，使我更加地敬佩了，更何况你还长得比我高，而且戴着象征知识的眼镜。很长一段时间，我见人就说，苏联是个加盟共和国，其实还是我们中国大，直到上初中，苏联解体，出来个俄罗斯、白俄罗斯，这些名字我记了很久才记住……

很幸运，我考上了重点初中，当我读初一的时候，你已经读初二了。一次我和同学在篮球场边上玩儿，发现地上有一个学生三角尺，我的同学比我动手快，他立刻捡了起来，高兴地端详着。我的同学是高兴，而我是惊愕，因为我看到三角尺上写了两个字——小红。那两个字很大很大，我认识那就是你的字迹，因为你写字总是写得很大很大。我很想一把夺过三角尺，跑到楼上你的教室去，把三角尺还给你，然后跟你说上几句话，可是我已经习惯把这样的情感隐藏起来了，而且能隐藏得很深很深。我已经习惯成为一个默默地关注者，一个虔诚的祈祷者，看着你每天都快乐地欢笑着，看着那么多同学都围绕着你，然后再回想一下你微微泛黄的长发飘逸的样子，你的长裙摆动出的优美弧度，你拉着同伴玩“跨步步”的矫健，这些都已经足够了。始终没有勇气告诉你，我喜欢和你在一起，也没有勇气告诉别人我喜欢的女生是谁。我总觉得，很多男生都追求你，而我只是其中最差劲的一个。

初中毕业以后，就没有了你的消息，高中毕业以后，才听说你去了制药厂工作。

上大学以后，我学教育专业，有一次市里面组织国庆演出，由我们学校出一个武术表演节目，排练的时候我去了，但是由于我老是请假偷懒，表演节目的时候，我没有去。这件事情我后来特别后悔。因为后来听同学们讲，那次你们制药厂也有选送节目参加表演。我估计，你一定在表演节目的队伍里，说不定还是跳孔雀舞，可惜我又错过了。

现身说法，坦诚相待，让学员在很轻松的状态中自审，引导学员敞开心扉，勇敢面对少年维特之烦恼。

最后一次遇到你是我陪同一位大学师妹去参加自学考试，刚好你也去参加了，而且你答题的速度比较快，很快就答完题走出了考场。我一眼就认出了你，于是我大声地叫你的名字，那似乎是我第一次叫你的名字，你也认出了我，冲着我走了过来，坐到了我的旁边。天哪，这是我最后一次机会了，可是我还是没有抓住。由于紧张过度，我努力保持镇定，然后开始胡言乱语，说了很多言不由衷的话，说了很多无聊的话，终于把你送走了。你走的时候，我再也不敢看你。

我懊悔啊……

大王啊，你什么时候才能够真正长大，什么时候才能够稍微有点自信，什么时候才能对你心爱的女生说“我爱你”呢?

从小学三年级到中学、大学，整整苦恼了 11 年，这种痛楚常常折磨得我彻夜难眠，直到最后我麻痹了，木讷了，被彻底击倒，撕碎了……一切归于结束。

我时常总结自己，如果当年是年少无知的话，为何会痛苦 11 年之久？如果只是小朋友游戏的话，我又为何会爱慕你 11 年之久？花季雨季都在这 11 年中过去了，那年我已经 22 岁……

如果时光可以倒流，那该有多好啊……

如果给我再来一次的机会，我一定要对那个女孩子说三个字：

我爱你。

如果非要给这份爱加上期限的话，我希望是——1 万年……(热烈鼓掌)

少年大王之烦恼讲完了，谢谢大家的爱心。我们一起出来……吸气……呼气……吸气……呼气……

每个人都做过许多荒唐的事情，产生过很多荒唐的想法，触发过很多荒唐的情感。大王老师也是人，一直都在为以前的种种错误言行而懊悔，这些懊悔是刻骨铭心的，常常折磨得我彻夜难眠，工作的失误、情感的失控、人性的扭曲……时时闪现在我的脑海里，挥之不去，成为一种魔障。直到几年前的一天，我遇到了阿里巴巴的马云老师，当时有很多像我一样充满创业激情的年轻人在场，我只记住了他跟我们说的一句话："不要为自己没有做过的事而懊恼，更不要为自己做过的事而懊悔。"关键时候，这句话拯救了我，帮助我脱离苦海，成了我最大的财富，现在我也把这句话送给大家。

好了，大家分析一下，然后给我个意见，给我个帮助，说说我这封信到底该不该寄出去。

靓女，你说该还是不该……（不该！）为什么不该？（你们本来就没有过开始，何必要有个结束呢！）可是我把这封信寄出去不就开始了嘛？（可是你们两个都应该各自结过婚了呀！）嗯，我明白你

给学员疗伤的最好方法是让他们积极地参与进来，成为老师而不是学生，成为医生而不是病人。

的意思了，这封信要是寄出去会影响家庭和谐，不该开始的开始了，该开始的没开始……非常好，谢谢你的忠告。

后面这位靓女，你的意见如何……（不该！）为什么不该？（爱一个人是快乐的事情，不一定要得到回报。）可是我不快乐呀，我很痛苦呀。（是呀，你一个人痛苦就够了，干吗还要别人跟着你一起痛苦呢。）可是我现在不痛苦了呀，我是觉得要珍惜自己的这份情感才写信的呀。（老师，你这种想法太自私了，你敢确保对方看了信，就不痛苦了吗？老师，你有卸包袱给别人背的嫌疑，这是不对的。）嗯，有道理，你们想问题非常理性，入情入理，让我钦佩……非常好，谢谢你的忠告。

还有这位靓女，听听你的意见……（该！）好的，为什么？（我想，您的信一定能给对方一个惊喜，因为非常真挚、非常有趣，没有欺诈、没有恶意，应该寄出去。其实王老师您不应该痛苦，你应该很快乐呀，我听您讲这些故事，我都觉得快乐，十分有趣，爱一个人，无论是在什么样的环境下都应该是快乐的，不是痛苦的。您的故事我们听完了，非常真善美，没有假恶丑，为什么不与别人一起分享呢。王老师，加油……）嗯，你给了我力量，早认识你，就好了，呵呵……但是有个问题要问你一下，被爱也肯定是快乐的吗？（天下所有的爱都是快乐的……）谢谢你的鼓励，为你鼓掌……

……

还有靓女在举手，说说你的意见……（该！）为什么该？（王老师，您很笨。）为什么说我笨？（您爱一个人的时候，没有感受到幸福，只是感受到压力，于是您痛苦。您现在不爱这个人了，还是感受不到幸福，还是感受到压力，还在幻想着时光倒流，再来一次，可这是不可能的，于是您还是痛苦。）嗯，有道理。（可是，王老师，您并没有伤害任何人，也没有任何人伤害您，您没有得到过，也没有失去过，您只是经历了人生成长的必然阶段，就像我们 7 岁开始换牙一样，那是自然规律，我们要遵循自然规律，而不是要违反自然规律。坦诚做人，坦荡做事，敢爱敢恨，是王老师您教我们的，可是您自己却做不到。王老师，您应该检讨……）嗯，我承认，我检讨。（还有，王老师，信该不该寄出去不是最重要的，关键问题在于您自已太患得患失了，从小学开始您就患得患失，一直到大学。当然您现在已经改了。）嗯，我很难得才改过来的。（是呀，只要您尊重自然规律，别再患得患失，这封信您早就寄出去了。您要是早明白这个道理，小红早就嫁给您了……）哈哈哈……

你们不是在听我的课，你们是在给我疗伤呀，同学们，谢谢大家，今天我跟大家学到了很多东西……同时，我们都要遵循自然规律，不可患得患失啊！笨人的标准是把幸福当做痛苦，把爱当做恨啊。我们千万要学聪明，呵呵……

我这里还有一封信，是在座的一位导购员写给我的。（情书?）呵呵呵……，是一份求助信。已经征得她本人的同意，我现在给大家读一下，好吧，各位老师?（好……）

敬爱的王老师！

您好：

我是您的学生××。谢谢您这几年来对我们的关心和培养。知道您很忙，还写信打搅您休息，请老师大人有大量。

今天写信给你，是因为我很痛苦。我做导购7年了，以前在居然之家世纪金源梦幻年华店做导购，现在西红星快乐驿站店做店长。我非常痛苦，快乐驿站在北京有8个店，每次销售排名我都排在别人后面。上个月城外诚快乐驿站店做了100万元，而我的店才做了30多万元，又排在倒数第二名，我感觉压力很大。

按说，我们店的导购员也不比别人差，我们的导购技巧都是您教的，没有什么区别，我们也很认真、努力地工作了，顾客也非常喜欢我们，可是为什么我们总是失败者呢？每次公司开会，各个店的店长在一起，我就很紧张、很害怕，看到他们被表彰，我就很愧疚。齐总、孙经理、王经理他们也从来没有批评过我，还鼓励我，可是越鼓励我压力越大，在工作的时候越紧张。这种紧张的情绪已经影响到销售工作和管理工作了，我甚至在上班的时候冲着其他导购员吼叫，乱发脾气。我觉得他们可能越来越讨厌我了，只是表面上还当我是店长。其实他们很无辜，都是我没有把他们带好，兵熊熊一个将熊熊一窝。我觉得自己不配做这个店长，我已经两次申请辞去店长职务，但是王经理都没有批准。

我现在晚上经常睡不着觉，总是会回想起工作中的过失。上次顾客问我：你们的家具在平安保险公司保的是什么险呀？我竟然回答不出来。还有，上次有个顾客买儿童套房，总价 17550 元。讲价到 17000 元，本来要成交了，交钱的时候，顾客非要再少 200 元，说 16800 元这个数字吉利，我被逼答应了。结果顾客不买了，气得我几天吃不下饭。还有上次我和小李配合不好，把价格报错了。还有好几次，押单很成功，顾客却突然说肚子饿了要先去吃饭，然后我怎么等都不回来了……这样的错误太多太多了，刚刚吸取了经验教训，新的错误又马上犯。

导购员每天重复工作很容易产生疲劳，要让导购员的重复工作多些变化与快乐。

现在我看见顾客就紧张，特别是一到星期五就彻夜难眠，老是回想以前都犯了哪些错误，以后要注意哪些问题。明天顾客多了，应该如何促销，甚至睡着睡着就开始背诵导购语素。晚上睡不着，白天很犯困，特别是一到下午就感觉头晕眼花。看见顾客也无法保持兴奋，热情度我自己都觉得不够。

我很留恋以前的时光，想想刚刚进入家具行业做导购员的时候，每天都过得那么幸福、那么开心，现在这种幸福感没有了。尽管公司搞了很多活动，让我们快乐工作，但是我还是感觉不到工作的快乐。下班回家，我要转3趟车，一天要花费4个小时，回到家里也感觉不到幸福，只感觉疲惫。

王老师，今天写信给您，就是想拜托您告诉我一个方法。如何让我迅速地调整好自己的心态。比如，怎样才能马上从痛苦变得快乐，5分钟之内必须调整过来，一个顾客流失了我常常会痛苦几个小时，甚至很多天，这让我实在是受不了，而且影响了接待其他顾客。还有，王老师，您能否教我个方法，让我晚上能睡个好觉。安眠药我不吃，怕有副作用。再次感谢王老师。

此致

敬礼！

您的学生：××

2009年5月18日

说句心里话，收到这封信，我非常激动。说实话，自从电话、电脑普及以后，我已经有好几年没有收到过信了。对比电话、电脑，写信这种交流方式尽管古老，但是不可替代，写信有它独具的优势，写信表达的情感很细腻、很端庄、很入静。与大家一样，××是一位勇敢的女孩儿，也非常有责任心，这是A家居这个团队最让我迷恋的地方。我想，信中反映的内容，是大家普遍遇到的，困惑大家很久的问题，这个问题很有代表性，很感谢××能够用写信这种方式，把问题真实反映出来。大家知道吗？这个问题有一个科学名称，叫做——促销恐惧症，也叫星期一综合症，在家具行业叫做星期五综合症，因为别人忙的时候我们不忙，别人休息的时候我们最忙。

患上促销恐惧症的人群，往往是一群很优秀，心思很细腻，很有责任感的人群。为什么会患上促销恐惧症呢？是因为失去了工作的幸福感，失去了生活的幸福感。就像王老师一样，感受不到爱与被爱的幸福，只感受到了爱一个人的责任，单相思的辛酸，无谓地痛苦了11年，你们说倒霉不倒霉。看来我们的确是有必要成立A家居的幸福协会、幸福基金。好的，现在我们开始探讨什么是幸福感，只有找到了病因，我们才能解决问题。

先来看看有关幸福感的三篇有代表性的报道。

报道1：天津市民幸福感调查

由新华社《瞭望东方周刊》、中国市长协会与《今晚报》举办的“天津市民幸福感调查”在社会各界引起强烈反响。据统计，38.6%的月收入在1000元以下的被调查群众在“生活质量幸福感”这项指标中选择了“强”或者“满意”。与此形成鲜明对比的是，19.7%的月收入在4500元以上的被调查者在“生活质量幸福感”这项指标中选择了“一般”或“不好说”。

“幸福感来自人的内心，而非物质的满足。健全人遇到挫折和烦恼，如果总是怨天尤人，牢骚满腹，一定不会幸福。富人若是不断膨胀自己的欲望，整天只想着怎样赚更多的钱，也不会快乐。”今年38岁的李玉娜在来信中这样写道。李玉娜小时候左腿因车祸截肢，走路需要借助双拐，丈夫也是位残疾人，左眼失明，右眼视力不足0.1。全家月收入不足1500元，靠着享受政府低保以及摆小摊卖报纸、卖饮料维持生活。对于幸福，她这样理解：“在别人眼中，我家是不幸的。一家三口两个残疾人，生活不富裕。但我认为生活是否幸福，与外在物质条件并不能直接画等号。面对困难，我和丈夫始终保持乐观，我是他的眼睛，他是我的双腿，孩子是全家的开心果，家人和睦、说说笑笑，其乐融融，这就是我的幸福。另外，在政府和社会的帮助下，这几年我家能天天吃鸡蛋、喝牛奶。最近，我丈夫正在学盲人按摩，而我正在学十字绣。我们觉得日子过得挺好，我们要做的就是自强自立，不给社会添麻烦，同时尽己所能回报社会。”

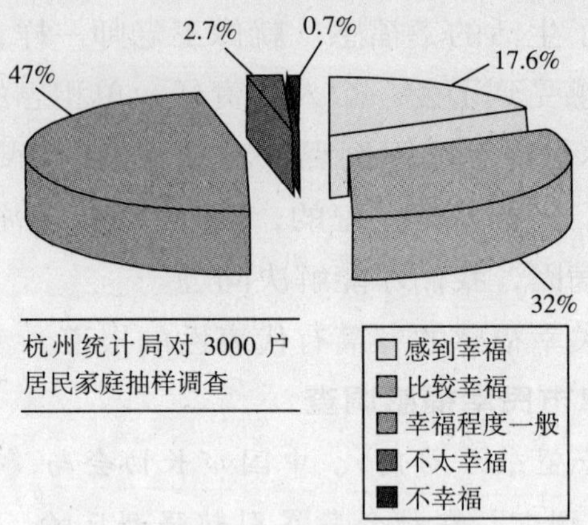

杭州统计显示感到幸福的家庭只有 17.6%，比较幸福的家庭只有 32%，居民普遍对幸福缺乏信心。

天津市社科院舆情研究所所长王来华研究员针对此项调查数据指出，幸福感是一种感性体验，它的强弱并不与家庭收入高低、物质条件好坏成正比。如果每个人都能客观对待自己的物质和精神方面的需求，树立正确的幸福感评价体系，会有更多的人感受到更强的幸福感。

报道 2：攀比使人远离幸福

几十年前，《巴尔的摩哲人》的编辑亨利·路易斯·曼肯就曾说过，财富就是你比你妻子的妹夫多挣 100 美元。行为经济学家说，我们越来越富，但并不更幸福的部分原因是，我们老是拿自己与那些物质条件更好的人比。

夏普说：“如果你想幸福，有一件非常简单的事你能做：那就是与那些不如你的人、比你更穷、房子更小、车子更破的人相比，你的幸福感就会增加。可问题是，许多人总是做相反的事，他们老在与比他们强的比，这会生出很大的挫折感，会出现焦虑，觉得自己不幸福。”

科内尔大学的教授罗伯特·弗兰克说，当被问到你是愿意自己挣 11 万美元，其他人挣 20 万美元，还是愿意你自己挣 10 万美元而别人只挣 8.5 万美元呢？大部分的美国人选择后者，他们宁愿自己少挣，别人不要超过他，也不愿意自己多挣别人也多挣，看来人都是很乡愿的。弗兰克曾写过一篇论文《多花少存：为什么生活在富裕的社会里却让我们感到更贫穷》，他在这篇论文里写道，就说住房吧，一个人到底需要多大的住房？那要取决于他周围的人拥有多大的住房，如果邻居的住房小，他也不需要太大的住房，如果人家有一所大住房，那么他就需要一个更大的住房，无论他是否真的需要。

幸福协会的目标就是要让你学会克服这些让你感觉不幸福的因素。夏普说最好的基准应该是凯利·帕克，他是澳大利亚最富的人，但最近几年，他的一个肾进行了移植，而且心脏也做过手术。夏普说："在财富上，我倒愿意认为我比他强，你难道希望自己拥有 40 亿美元而一个肾被切除吗？"

报道 3：辛苦的人们拥有幸福感

世界卫生组织设定的心理健康指标，第一点就是有幸福感。它是综合心理素质的一种表现。现代社会，人们自我的心理压力日趋严重，找回真正的幸福感是目前不少都市人都渴望的。少年人追寻成长的幸福，成年人却又怀念无忧无虑的童年时代；在现在这个充斥着金钱的社会，曾经以为贫贱夫妻百事哀，但后来又发现，那些所谓的富豪名媛同样找不到真爱。

在这个社会中，每个人都梦想着获得幸福，但我们所追求的幸福似乎都不在身边，所拥有的条件似乎都不足以让我们感到充分幸福。据中国社会科学院的调查显示，2005 年，72.7%的城乡居民感觉生活是幸福的，比 2004 年下降了 5 个百分点，这表明中国人的幸福感在滑坡。

中国社会科学院发布的"2007 年中国社会形势分析与预测"提出，"看病难、看病贵"、"就业、失业"和"收入差距过大、贫富分化"这三个"痛点"，正侵蚀着百姓对生活幸福的感觉。这是改革开放 20 多年来，人们首次开始关注经济发展之外的精神感受。

人们也终于认识到，过于疲惫和倦怠的生活虽然能提升收入，但不能提高幸福感；单纯的GDP指数上升，并不能反映百姓的幸福程度。

那究竟什么才是幸福？北京中医药大学管理学院心理学专家孔军辉教授向记者介绍，幸福感从心理学的角度讲是对自己的一种认知，是对自我生活状况的一种感知，它也是一种心理素养不断培养和磨炼的过程。美好的生活是反映在人的情绪体验上、心理感受上和生理的快乐与痛苦上。美好的生活实质上是内心感受，虽然受外在物质环境的影响，但最终还是个人体验和感受说了算。这种体验和感受只有自己去体会，别人无法感知对方心中的感觉。而且每个人对幸福感的标准是不同的，自身的人生价值对这个标准起着决定性的作用。除此之外，也和对人生的态度有关，比如有的人是乐观派，再大的挫折对他来说也是幸福的，他会把这种挫折当成是人生的挑战、机遇和经历，自然就不会感觉到不幸福；但是有的人是悲观派，面对事情会有很大的压力，在这种情况下自然不会感觉自己是幸福的。

让学员明白金钱不等于幸福，是励志培训的重点，我们只培养会赚钱的人，但是不培养只会赚钱的人。

孔军辉教授告诉记者，幸福感还与每个人的个性、人生的阅历和经历有关系，不是年龄越小幸福感就越强，年龄越大幸福感就越少，像有的人在年龄很小的时候就受到了很大的挫折，在他看来幸福感就会减少很多；有的人一生生活得都很安稳，自我的幸福感自然会增加许多。

当代的人们更加开放地生活，他们坦言幸福、追求幸福。可幸福在哪里？当代心理学告诉我们，幸福也是有指数的，幸福指数是指你的较为稳定的幸福感，不是看了一个喜剧电影，或者吃了一顿美食这种暂时的快感所能代表的。而幸福感是指令你感到持续幸福的、稳定的幸福感觉，它包括你对你的现实生活的总体满意度和你对自己的生命质量的评价，是指你对自己生存状态的全面肯定。

孔军辉教授也表示，有很多调查的结果显示，富人的幸福感不一定比穷人要强，因为他永远都得不到心理的满足。这是因为当我们的收入增加了，或者我们的社会声望增长了，我们会感到最初的愉悦。之后，就会慢慢适应这种新的标准，并渐渐地把它看成习惯，对自己的要求就会越来越高，希望自己的生活越来越好，从而给自己带来更大的幸福。就这样当他们爬上成功的阶梯之后，他们就会与和他们处于同一层次或更高层次的人作比较。对于他们来说，总有另外的“他们”作为比较的标准，如果另外的他们不如自己，会感到满足；反之，则会产生嫉妒。一句话概括就是昨天的奢侈已经变成了今天的必需，财富和成功使幸福变成了无底洞。

各位，如果给你36000块钱，你觉得多不多？老天爷不厚道，人生在世屈指算，最多活36000天，活一天少一天，你觉得多不多？别墅修得再宏伟不过是个临时住所，房间装修得再豪华、床垫一张几十万元，不过宽五尺长七尺；即便是你有良田万顷，每日三餐也只有一碗饭；你有美女成群，却不见得能有一个相伴终老。各位，开个玩笑，其实最后那个小盒子才是你永远的家呀！

各位，钱是不是人生最重要的？不是。钱的确很重要，但是它永远不是最重要的。其实拥有了钱，不见得就拥有了幸福，钱来了往往烦恼也就来了。

人生，就是全身心地做好一件事，因为你永远无法事事顺心。上班下班，家里家外都有烦恼啊！大家想钱不想钱？很想还是非常想？天天想还是夜夜想？哦，比想老公都还要想！看看这两个人，他们是谁啊？刘翔、姚明。姚明这个人，想不想钱啊？想！有没有你们那么想啊？没有。天天想，夜夜想，时时刻刻都在想。各位，姚明99%的时间只在想一件事，篮球打好了，金钱怎么样？自然来。

各位，事情做好了，富贵逼人来啊。事情做对了，想不发财都难啊。好了各位，是做事重要还是想钱重要？做事。我们的导购员，每天把个人的形象、状态调整好，店面卫生做好，产品维护好，订单准备好，销售技巧锤炼好，顾客服务好，顾客自然来，财富自然来。

可是，我们有的导购员在做什么？发呆、聊天、抱怨、等下班，拿着个手机发短信。要我是老板，遇到这样的导购员，这手机抓起来就给砸了。你上班，老是摆弄手机干什么？是在联系客户吗？我看十有八九是在搞对象，给男朋友发短信：你在哪里？你在干啥？几点下班？去哪里吃饭？为什么不回我短信？你说你摆弄这些玩意儿干啥！一点儿用都没有。给大家个建议，上班期间，手机统统收起来。你上班是有任务的，别拿着个手机不放手。一旦有顾客进来，看到你在玩儿手机，他觉得我们店的生意好不好？是不是会怀疑我们的价格贵？是不是会怀疑我们的产品有问题？是不是会怀疑自己走错了地方进错了店？肯定会。顾客的期望值和信心值马上就没有了，这样的店生意肯定不好。你都没有为成交做好准备，当生意上门的时候，你怎么能把握好成交机会呢？怎么能抱怨客人太少、提成太低、顾客刁钻？我们的店长，你把员工培训好了吗？你把管理做好了吗？你把团队文化建设起来了吗？你真的就没有事情可做了吗？你没把事情做好，却天天在那里想钱。

我们的经理，你把专卖店选址、装修、货品准备好了吗？售前工作做好了吗？后勤工作做好了吗？事情做对了，富贵逼人来啊。

我们说 2008 年奥运会，有人给姚明画上感叹号，有人给姚明画上逗号。而给刘翔画上什么号啊？问号！说不定这个问号就会变成句号。那就是一切都完了，没了。2004 年，雅典奥运会，刘翔一战成名，全世界瞩目。十年寒窗苦，一朝成名天下知啊。有人说，他 2004~2008 年，拍广告拍得太多了，想钱想疯掉了。没时间去锻炼，没时间去做治疗，结果到了 2008 年，跑不动了，不敢跑了。真的是受伤了吗？所以是个问号！很快，安利呀，平安保险啊，凯迪拉克啊，可口可乐啊，白沙啊，这些老顾客都离他而去了，新顾客也都不再找他。再也没人找他拍广告了，身价一落千丈。事情没做好，消费者不买单，财富来得快，去得更快啊。刘翔有没有把事情做对啊？有没有把事情做好啊？事情做对了，富贵逼人来。所以对比刘翔和姚明，我们发现，人的一生不在于想钱，而在于把事情做好。要敬业啊，什么叫敬业，我们流行一句话：女人要当男人用，男人要当什么用？超人用！在这里给大家几点建议：

第一，要明白财富的意义，知道财富是为了什么

比如有人赚了很多钱，但没有时间去消费，又怎么能体现出挣钱、成功带给你的快乐感？而且这个钱是用在了什么地方，是把它挥霍了，还是用在了救助别人等慈善事业上。国外的富人一定会去做慈善事业，因为在帮助别人时他会找到快乐与幸福，而我们现在的很多富人却没有这样的观念，甚至有的人为了显示自己的财富拿着钱去烧、去吃、去喝、去玩、去赌、去摆谱、去修墓，其实是没有意义的。这些钱应该取之于民，用之于民；取之于社会，用之于社会。

第二，要明白人生的意义，人活着是为了什么

其实我们很多人现在是一种价值缺失的状态，认为人活着就是为了钱。其实人应该追求的人生是更加有意义的。以前我们只追求经济的高速增长，却忽略了人生的价值观，可以说我们的价值是缺失的。所以现在要回归到正常的价值观，比如从儒家、道家的思想中去寻找传统的思想。像国家统计局在2008年对“幸福指数”的评价，就是把幸福感量化、数字化，是对人们精神层面上的一种评价，所以这是一种进步，也是很有必要的。GDP只是单纯的一个指标，而其他的方面同步发展，才能算是社会真正的发展，人们才能真正感到幸福。

第三，要对自己有一个正确的认识

社会是需要各种各样人的社会，不是所有的人都一定能做老板。所以人在这个社会中生存，首先的定位应该是做一个能够适应社会，能自食其力的人，而不是要给自己定一个很高的目标，所以人们必须要懂得心态的平衡。就像培养孩子，不是所有的孩子都能上清华、北大，每个孩子都有他（她）自己未来的轨迹，都会在自己的学校找到属于他（她）自己的位置。当然社会也不只需要毕业于清华、北大的学生，各色学生社会都是需要的。现在很多人都不知道自己能做什么，看别人做什么就做什么，比如人家炒股赚钱，大家都拼命跟风，但并不知道自己是否有炒股和承受风险的能力。所以在生活中不能人云亦云，自己要给自己找对定位，否则会凭空添了很多压力。

第四，从小事做起，从自己的本职工作做起

再伟大的事情也是从点滴事情积累起来的，但是现在很多人都是眼高手低，只看到了结果，没有看到过程，永远使自己无法满足，自然也就不会感受到幸福。

第五，在职场中打拼的人，首先要确定你喜欢不喜欢这个职业，给自己的职业是怎么定位的，其次要有一定的适应能力

比如作为老师，教导学生就是我的快乐，我就会感觉幸福。而且每个人在职业的发展过程中，都会出现低潮、不顺甚至枯竭，这些都会改变自己的人生态度。这个时候必须自我调整，这是非常重要的。尤其是在当今社会竞争很激烈，而且变化很快，也是对每个人心理素质的考验，看看你是不是在主动适应和调整自己的心态。

我们再来看一篇报道——你有工作幸福感吗?

中国人力资源开发网不久前的一次“工作幸福指数调查”结果显示：超过60%的人认为自己所在单位的管理制度与流程不合理；超过50%的人对薪酬不满意；超过50%的人对直接上级不满；接近50%的人对自身的发展前途缺乏信心；接近40%的人不喜欢自己的工作；40.4%的人对工作环境和工作关系不满意；33.6%的人认为工作量不合理；26.3%的人工作与生活发生冲突；19.6%的人认为工作职责不明确；16.4%的人与同事的关系不融洽；11.6%的人工作得不到家人和朋友的支持；11.5%的人对工作力不从心。

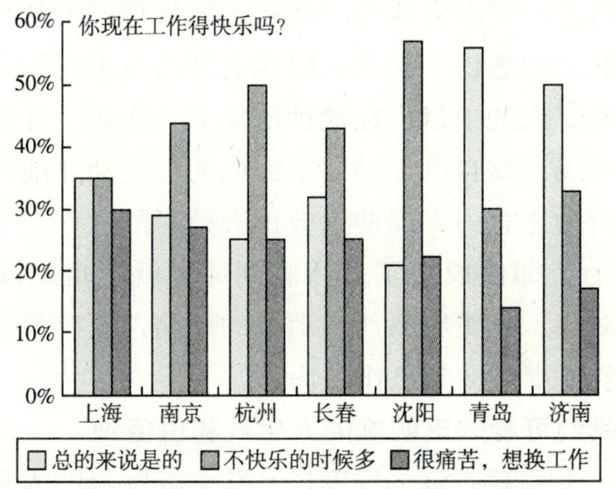

各城市调查显示大约75%的人感受不到工作的快乐，只感受到压力，另有30%的人想换工作。

什么时候，我们的工作竟然有了如此之多不快乐的理由？有多少是外因？又有多少是内因？

这首先是个文化的问题

工作幸福不幸福与文化传统有很大关系。欧美一些国家的家长并不过多地期望孩子可以挣大钱、当大官，只希望他们能参与社会工作，并能把它做好，然后有时间再去做些自己想做的事情，并从中得到满足。而我们从小接受来自家庭的教育就是长大要光宗耀祖，作为家长也是望子成龙。所以我们工作后也总期待着可以挣大钱、当大官，仿佛只有这样才能对得起父母的养育之恩。两种不同的文化使人们工作之初所背负的东西不一样。我们所背负的相对多些，压力就大些，不满足感就容易产生。比如，一个刚参加工作的年轻人，一个月挣一两千块钱。他还没怎么参与工作就不满足了，因为他老想着什么时候才能挣到大钱呢？这就是他不快乐的基点。

其次，处事文化也影响我们对工作的幸福体验

我们做事很大程度上是出于被动。从小学完成老师布置的家庭作业开始，我们就习惯将作业、任务、工作看成是别人安排给我们的，而非自己主动要求完成的。而西方的教育制度从小学开始就注重培养儿童的主动意识。学生可以在老师的要求范围内相对自由地选择自己想要完成的项目。在这种情况下，作业、任务、工作就变成了自己的选择，是自己主动要求完成的。主动才能产生持久的动力和克服挫折的意志力，即使失败也有精彩的过程。被动却难以激发持续的努力，即使成功了，体验到的成就感也黯淡了几分。同时，被动地对待工作更容易产生消极的情绪，更容易放大工作中的不如意，也就更难体会到工作的快乐。

再次，我们可能缺乏明确的人生观和价值观

我们的一生究竟应该怎样度过？欧美等国家的人在工作中也会有钩心斗角，也会有痛苦、有欲望、有愤怒，但是他们非常务实，有相对明确且稳定的人生观，知道自己想要什么。比如，毕业后他们第一个梦想是找一份如意工作，第二个梦想就是如何保住工作，第三个梦想就是如何进一步加薪升职，生儿育女，享受生活……其实，这也是中产阶层的典型心态：目标明确，脚踏实地。相比之下，我们中的一少部分人心浮气躁，尤其是在面对贫富差距拉大等社会现实时，心理失去了平衡。残酷的现实对比，使我们郁郁寡欢。

最后，我们对工作的认识也有待日益完善

工作到底是什么？对于我们自身而言，它到底意味着什么。按解释主义的观点来看，我们通过自己的独特解释来认识世界。心理学家凯利也认为，不同的人有不同的认知结构，每个人都按照自己的认知结构来认识世界、解释世界，从而应对世界。如果你仅仅将工作看成一张长期的饭卡，它对你而言就是食之无味、弃之可惜的鸡肋。既然没有多大的吸引力，你也就不会为它付出汗水和心力。但如果你能积极地看待它，视它为内心真爱，你就可能会更努力地去经营它，更宽容地去体验它。

我们现实的工作中确实存在着很多弊端和不完美。我们的工作可能没有趣味，缺乏挑战性；可能得不到公平可观的报酬；可能得不到上司和同事的认同。我们的工作环境可能缺乏人性化……但单就个人而言，我们也应该努力做出点改变，让自己体验到更多的幸福感。

如何快乐起来？关键还是个心态问题。

首先，我们应该问问自己，幸福究竟是什么

是一种客观实体，抑或是一种主观感觉？究竟是物质的，还是精神的？假如不了解幸福的实质，我们所谓的追求幸福就是盲目的。其实，幸福不是一个固定的实体。如果得到财富、地位、健康、美貌、事业成功等其中任何一种，便得到了人生的幸福，那么我们也就不会有这么多的不快乐了。因此，幸福是主观的。同时，幸福是相对的。每个人有每个人的幸福观，与自己或他人相比都可能会产生幸福感，个体生命发展的不同时期有不同的幸福来源，幸福的感受只有自己知道。幸福快乐的感觉需要自己调节心态，去发现，去找寻，去创造，去珍惜。

其次，我们应该正确地看待工作

世事也许并不尽如人意，我们对目前的工作可能的确毫无兴致可言。倘若如此，我们还不如放手，趁早打点行装，易地再战。因为一旦你对工作完全失去了兴趣和信心，继续下去也无多大意义。但情况并非如此。我们的工作并不是没有价值，我们对工作也不是毫无兴趣。与其感叹工作中的种种不如意，不如静下心来想想如何努力将它做得更好，做到尽可能的完美。毕竟工作不仅为我们提供生存的必需品，还是我们自我实现的重要途径。

与自己比，而不是与别人比

中国有句俗语叫：人比人，气死人。尤其在这个竞争被推崇的时代里，我们很容易将自己与别人相比。比，是有两面性的。在理性的范围里，比能促使我们发现自己的不足以及别人的优势，从而推动自我的完善和进步。比还可以营造出争先恐后的氛围，是个人和集体进步的源泉之一。但一旦超出了理性的范围，比就可能适得其反。如果老是拿己之短比人之长，自我认同感会受到打击，我们很容易灰心丧气或者愤愤不平。而无论是妄自菲薄还是愤世嫉俗都不是良好的工作和生活心态。相反，我们应该和自己比。拿今天的自己和昨天的自己比，拿明天的自己和今天的自己比。只要自己一直在进步，在朝着自己的目标迈进就行了。

不要抱怨

无论我们现在是什么年龄，在从事什么工作，都应该学会感恩我们现在拥有的这一切。有时我们现在拥有的，在自己眼里不算什么，但换一个角度，从比我们目前状态差一些的人的角度去看，我们就会发现，或许他们还不如我们拥有得多，而且人家可能还很羡慕我们。虽然从各方面来讲我们都不是十全十美的，都离我们自己理想的那个目标有差距，但与其抱怨，不如选择理性地分析和满足。因为抱怨是最无能的表现，并且于事无补。我们不如享受现在所拥有的一切，继而以健康的心态积极地寻找提高的途径。

对自己的职业做一个长远而科学的规划

职业是关乎一个人人生发展的重大事件。人一生的大部分时间也是在职业体验中度过的。一个长远而科学的职业规划可以让我们少走弯路。越是趁早发现自己的职业兴趣、职业价值观、职业优势能力，就能越早地找到与自己匹配的目标工作，也越容易在这份工作中体会到幸福感。与其在职场中横冲直撞，到处碰壁，或是摸着石头过河，不如借助职业规划的帮助，适时地描绘出目标明确、道路清晰的职业生涯发展蓝图，然后集中精力去实现这个蓝图……

2008 年，一个叫做“天使奶奶”的故事感动了整个中国，最开始流行于网络，最后被搬上了荧幕。看过这部影片的人都感受得到天使奶奶的幸福和快乐。为什么大家会对这样一位瘦瘦小小的老人有这样大的关注呢？其实，天使奶奶唤醒了我们内心的很多东西。

全体导购员观看影片《天使奶奶》。

这个老人，第一，她是自立的。一位 74 岁的老人，她生活的环境异常艰苦，而且还要每天运送几百斤的水果，她还是坚持说自己有能力照顾卧病在床的老伴，有能力将孙子培养到中学，也从来不好高骛远。所以，她一直都是位生存意志、独立意识很强的人。她，不愿意给政府添麻烦，不愿意给别人添麻烦。第二，她又是知足的。其实被生活逼到某个苦难的角落，却扛着走过来的人并不少，也许我们的父母就经历过，但是绝大多数人是抱怨的、是牢骚的，因为他们有理由抱怨，因为生活给他的，他可以认为不公平、不公正、不公道。而奶奶之所以是位天使，是因为她有一颗知足的心，她觉得很公平，她觉得日子过得还不错，还可以这样维持下去，所以她能微笑。这是老人的从容，她就那么1.5米的身高，那么轻的体重，但是你看到的她，并不是被生活压垮的一个人，她是知足的人。第三，她是感恩的。天使奶奶拒绝了大家的捐钱捐物，她说她的日子已经过得可以了，所以她不需要，而且她还主动去帮助别人。其实，心存感恩，生活就能变得很好，不管现实的境遇如何，有这样的心态就能够穿越。当命运把天使奶奶逼迫到了一个苦难的角落，天使奶奶没有抱怨，没有痛苦，而是担当、自立、快乐、知足、感恩……

把我们的境遇与天使奶奶比较一下，哪里还有什么痛苦和抱怨、忧郁和彷徨，哪里还有什么路长路短，钱多钱少，人前人后……

记住天使奶奶说的那句话："我还能动……"只要我们还能动，还能做事，还能为社会、为企业、为家庭尽到自己的微薄之力，我们又有什么遗憾的、痛苦的、不快乐的呢？

二、快乐工作法

王老师：各位学员，大家下午好！（好，很好，非常好，越来越好！）嗯，大家的精神状态非常不错，都很爱学习，少数不爱学习的也并没有睡觉，少数睡觉的也并没有打呼噜，少数打呼噜的也并没有超过王老师。（呵呵……）

现在我们讲快乐工作，这个课题我们以前也讲过，大家也去实践过，不管效果好不好，反正大家苹果、香蕉吃了不少，对吧（欢笑声响起）……

无论我们从事的是什么行业，我们的产品特性是什么，都不要忘了和谐才是第一卖点。哪怕是做乞丐，都一样要以此为最高准则。下面这篇报道，取自一篇博客文章，题为《我看了月薪1万元的乞丐使我感到很震撼》，读完这篇文章，相信大家会豁然开朗。

我拎着刚买的levi's从茂业出来，站在门口等一个朋友。一个职业乞丐发现了我，非常专业的、径直地停在我面前。这一停，于是就有了后面这个让我深感震撼的故事，就像上了一堂生动的市场调查案例课。为了忠实于这个乞丐的原意，我凭记忆尽量重复他原来的话。

“先生……行行好，给点吧。”我一时无聊便在口袋里找出一个硬币扔给他并同他攀谈起来。乞丐很健谈。“……我只在华强北一带乞讨，你知道吗？我一扫眼就见到你。在茂业买levi's，一定舍得花钱……”“哦？你懂得蛮多嘛！”我很惊讶。

“做乞丐，也要用科学的方法。”他说。我一愣，饶有兴趣地问：“什么科学的方法？”“你先看看我和其他乞丐有什么不同的地方？”我仔细打量他，头发很乱、衣服很破、手很瘦，但都不脏。

他打断我的思考，说：“人们对乞丐都很反感，但我相信你并没有反感我，这点我看得出来。这就是我与其他乞丐的不同之处。”我点头默认，确实不反感，要不我怎么同一个乞丐攀谈起来。

“我懂得SWOT分析，优势、劣势、机会和威胁。对于我的竞争对手，我的优势是我不令人反感。机会和威胁都是外在因素，无非是深圳人口多和深圳将要市容整改等。”“我做过精确的计算。这里每天人流上万，穷人多，有钱人更多。理论上讲，我若是每天向每人讨1块钱，那我每月就能挣30万元。但是，并不是每个人都会给，而且每天也讨不了这么多人。所以，我得分析，哪些是目标客户，哪些是潜在客户。”他润润嗓子继续说：“在华强北区域，我的目标客户是总人流量的三成，成功几率70%。潜在客户占两成，成功几率50%；剩下五成，我选择放弃，因为我没有足够的时间在他们身上碰运气。”

“那你是怎样定义你的客户呢？”我追问。

“首先，目标客户。就像你这样的年轻先生，有经济基础，出手大方。另外，还有那些情侣也属于我的目标客户，他们为了在异性面前不丢面子也会大方施舍。其次，我把独自一人的漂亮女孩看做潜在客户，因为她们害怕纠缠，所以多数会花钱免灾。这两类群体，年龄都控制在 20~30 岁。年龄太小，没什么经济基础；年龄太大，可能已结婚，财政大权掌握在老婆手中。这类人，根本没戏，恨不得反过来找我要钱。”

“那你每天能讨多少钱?”我继续问。“周一到周五，生意差点，200 块左右吧。周末，甚至可以讨到四五百。”

“这么多?”见我有些怀疑，他给我算了一笔账。“和你们一样，我也是每天工作 8 小时，上午 11 点到晚上 7 点，周末正常上班。我每乞讨 1 次的时间大概为 5 秒钟，扣除来回走动和搜索目标的时间，大概 1 分钟乞讨 1 次得 1 块钱，8 个小时就是 480 块，再乘以成功几率 60%，得到将近 300 块。”“千万不能黏着客户满街跑。如果乞讨不成，我决不死缠滥打。因为他若肯给钱的话早就给了，所以就算觍着脸纠缠，成功的机会还是很小。不能将有限的时间浪费在无施舍欲望的客户身上，不如转而寻找下一个目标。”强！这个乞丐听上去真不可貌相，倒像是一位资深的市场营销总监。

“你接着说。”我更感兴趣了，看来今天能学到新的东西了。“有人说做乞丐是靠运气吃饭，我不以为然。给你举个例子，女人世界门口，一个帅气的男生，一个漂亮的女孩，你选哪一个乞讨?”我想了想，说不知道。

“你应该去男的那儿。身边就是美女，他不好意思不给。但你要去了女的那边，她大可假装害怕你远远地躲开。”

“再给你举个例子。那天在 cocopark 门口，一个年轻女孩拿着一个购物袋，刚买完东西；还有一对青年男女，吃着冰淇淋；第三个是衣着考究的年轻男子，拿着笔记本包。我看一个人只要 3 秒钟，我毫不犹豫地走到女孩面前乞讨。女孩在袋子里掏出两个硬币扔给我，并奇怪我为什么只找她乞讨。我回答说，那对情侣，在吃东西，不方便掏钱；那个男的是高级白领，身上可能没有零钱；你刚从超市买东西出来，身上肯定有零钱。”

有道理！我越听越有意思。

“所以我说，知识决定一切！”我听十几个总裁讲过这句话，第一次听乞丐也这么说。“要用科学的方法来乞讨。天天躺在天桥上，怎么能讨到钱？走天桥的都是行色匆匆的路人，谁没事走天桥玩，爬上爬下的多累。要用知识武装自己，学习知识可以把一个人变得很聪明，聪明的人不断学习知识就可以变成人才。21 世纪最需要的是什么？就是人才。”

“有一次，一人给我 50 块钱，让我替他在楼下喊‘安红，我想你’，喊 100 声。我一合计，喊一声得花 5 秒钟，跟我乞讨一次花费的时间相当，所得的酬劳才 5 毛钱，于是我拒绝了他。”

“在深圳，一般一个乞丐每月能讨个千儿八百。运气好的大概两千多点。全深圳十万个乞丐，大概只有十个乞丐，每月能讨到一万以上。我就是这万里挑一中的一个。而且很稳定，基本不会有很大的波动。”太强了！我越发佩服这个乞丐了。

“我常说我是一个快乐的乞丐。其他乞丐说是因为我讨的钱多，所以快乐。我对他们说，你们正好错了。正是因为我有快乐、积极的心态，所以讨的钱多。”说得多好啊！

“乞讨就是我的工作，要懂得体味工作带来的乐趣。雨天人流稀少的时候，其他乞丐都在抱怨或者睡觉。千万不要这样，用心感受一下这座城市的美。晚上下班后带着老婆孩子逛街玩耍看夜景，一家三口其乐融融，也不枉此生了。若是碰到同行，有时也会扔个硬币，看着他们高兴的道谢走开，就仿佛看见自己的身影。”

“你还有老婆孩子？”我不禁大声赞叹，引来路人侧目。“我老婆在家做全职太太，孩子念小学。我在福田区按揭了一套房，十年分期，还差六年就还清了。我要努力挣钱，供我儿子读大学念市场营销专业，然后子承父业当一个比我更出色的乞丐。”“我5年前在微软中华大区做市场策划，2年前升为营销经理，月薪5000。那时按揭了一台1万多的三星笔记本，每个月还款2000，要死要活的。后来我想这样永远也出不了头，就辞职不干了，下海来做乞丐，我愿意做一个高素质的乞丐。”

让学员感受到，职业没有高低贵贱之分，却有快乐与不快乐之分，不快乐的帝王不如快乐的乞丐，快乐工作是美好生活的开始。

职业，没有高低贵贱之分，在和谐营销的理解和运用上，这位乞丐也是我们的良师益友。三人行必有我师也，要不耻下问，要虚心学习，要快乐工作。

其实成功距离我们很近，无非是轻松一点，快乐一点就成功了。快乐工作，不只是要有快乐的心态，还必须要有快乐工作的方法。现在，我们一起来学习快乐工作十八招，它还有一个更好听的名字叫什么？（降龙十八掌！）对的，降龙十八掌。招招都很简单，但是易学难精，贵在坚持不懈，每天都要勤学苦练。

第一招：早睡早起避免失眠

无论今天上不上班，明天上不上班，都一样要早睡早起，形成有规律的睡眠。早睡早起是远离倦怠、沮丧、懒洋洋、病恹恹的最佳方法，而且还能避免公交车人多拥挤。我听说，很多导购员选择星期五、星期六晚上外出狂欢、唱卡拉OK，很容易过度疲惫，没有充足的睡眠，身体缺乏休息，白天当然反应迟钝、错误百出，这就会形成恶性循环。大家要明白我们的职业很特殊，就靠星期六、星期天这两天做生意，而且有促销活动，客人会很多，工作强度大。所以，选择在节假日晚上出去会友、狂欢是断然不可以的。星期二到星期四，是我们的轮休时间，可以安排会友、唱卡拉 OK，但是不能影响到正常休息，一样要早睡早起，杜绝熬夜，杜绝晚上饮酒。凡是发现有熬夜习惯、晚上饮酒习惯的导购员我们要坚决处分。

对于经常失眠的导购员，晚上要避免一个人睡觉，最好有人陪，或者干脆过集体生活。如果你老是失眠的话，促销活动期间，干脆搬到公司来住。公司还有两间房，还可以住 8 个人，我们有专业的生活指导老师，就是潘经理，她会教大家如何解除失眠的困扰。

第二招：把你的闹钟拨快 10 分钟

迟到其实是一件让人窝心的事情。要不是贪恋早间那最珍贵的 5 分钟睡眠时间，谁愿意不吃早餐、不化个精致的淡妆就出门，慌里慌张地去面对打卡机无情的判决呢？很多人知道自己有拖拉的毛病，但却不知道怎么解决。

其实很简单：你把你的闹钟拨快 10 分钟即可。记住，无论是家里的钟还是手腕上的表，甚至连电脑的时间也不要落下。千万不要小看这短短的早 10 分钟的时间，它给你设定的可是一个提前的助跑机会，让你在别人还没启动的时候，就已经开始发力冲刺，不知不觉中你就成为了工作面前最主动的那个人，同时拖拉的毛病也在不知不觉中消失。你还想什么呢，马上就动手，从拨快手表开始。

第三招：早餐不可省略

每天的早餐都要吃得好，以维护一天精力所需，医师建议，早餐最好吃低脂肪、高蛋白质的饮食，因蛋白质可增加肾上腺素的分泌，使人精神集中，而低脂肪也不致给身体太大负担。而中午，不妨吃顿营养点的午餐，帮自己打打气。店长要每天检查导购员的

为了让学员充分感受和理解“降龙十八掌”，在课程的组织上，需要多一些互动游戏，多一些实际案例，多一些鼓励的欢笑和掌声。

肚皮，看看吃饱了没有，没吃饱的不允许上班。

第四招：情绪低落时要善待自己

如果早上起床，发现自己情绪很低落，愈是低落的早上，愈要用心打扮一番再出门。穿得美美的，自己心情好，别人也会给你正面反馈，形成良性循环。绝对不允许叹气，绝对不允许垂头丧气地走路。在 A 家居有“四不规定”：不说消极话、不唱消极歌、不做消极的人、不和消极的人在一起。这简单的“四不规定”帮助 A 家居塑造了良好的企业文化。

第五招：不可以傲慢待人

对待同事和朋友，绝对不可以傲慢。当你待人傲慢的时候，也许你的心情会很好，但是对方的心情可能就不好了，反过来对方又会傲慢地对待你，所以大家都会心情不好。因此，绝对禁止傲慢，同事见面要客气加友好，礼多人不怪。

第六招：同事见面不允许说“你好”

每天早上，导购员、安装工见面，必须真诚夸奖对方：你今天气色真好，你今天特别漂亮，嗯，真的。店长、经理见到任何同事、下属，都必须大声喊：哇噻，你今天看上去特别棒，加油。所有 A 家居员工，见面不允许说：你好。也不允许说：吃饭了没有？发现垂头丧气的员工绝对不允许问：你怎么啦？而是要说：恭喜你，你又捡到钱了呀？

第七招：不做清洁狂

女孩子都爱清洁，爱漂亮，但是不要成为清洁狂。家里的清洁卫生工作，重在平时保持，不要在放假的时候大搞清洁卫生，这样很容易造成休息不好。为了让大家保持良好的工作状态，不至于成为清洁狂，本次促销活动期间，公司给大家聘请家庭保姆，每人可申请两个工作日，由专业保姆为大家洗衣服、收拾房间、煮饭烧菜，需要请保姆的员工到孙经理处报到。

第八招：少看电视多聊天

在座的很多靓女都爱看韩剧，每天一回家就追着电视看。其实回家以后，最好的活动项目是跟家人多聊聊天，从事一些轻松的脑力体力活动。下班后，将电视关掉，全家人聊聊天、说说笑话，既可创造和谐家庭生活环境，又可以缓解压力。此外，阅读消遣读物，听节奏舒缓的音乐，都有助于大脑和神经的调节。

第九招：养成晚上运动习惯

平常养成良好的运动习惯对快乐工作有显著的帮助。平时若有良好的体力，即使哪天熬了点夜，也还可以应付白天的任务，不至于立刻病恹恹。上班，大家一定要坚持做好上午操和下午操，只可以多做，不可以少做。晚上下班回家，要按照我们的要求，完成规定的运动量：10 分钟慢跑，睡前操，50 个仰卧起坐，500 个跳绳，之后才能洗澡睡觉。

第十招：让桌面永远保持干净

我们一直强调店面管理，却忽略了办公桌面的管理。这可以说是最容易做到的一件事，但又是坚持下来最困难的一件事。桌面上杂乱的文件、记事本，电脑上厚厚的尘土，乱丢的签字笔，会让一切看上去都毫无头绪，负面的情绪稍一累积，就会勾起惰性的滋生。

办公室里总有些另类人，把一切都打理得井井有条，办公隔断内生机勃勃，有花有草有小鱼；桌面上永远一尘不染，连鼠标都闪闪发亮。另类人之所以另类，他的高明之处在于：坐在如此整洁舒适的小小天地里，便会油然而生一种对工作的依恋之情，一花一草一桌一椅，都可激发他的工作状态。能把公司照看成小家的人，一定特别愿意提早来上班，就先从给花草浇浇水、喂喂小鱼、清新整洁的环境开始一天的工作吧，也是提高主动性的小窍门。

北京 A 家居连锁的导购员，在家具专卖店里喂养了很多小金鱼，而且是使用奶瓶喂养的。

第十一招：3 分钟之内结束私人电话

谁也不能避免在上班时间接听几个私人电话，但到底有多少人能控制自己在和朋友家人沟通完正事后，不接着开始无边无际的闲聊呢？

一天的工作时间就那么长，学学那些为自己制定了规矩的职场先锋吧。比如，约定自己的私人电话时间绝不会超过 3 分钟。原因是私人的事情难免会影响你的情绪，不管是愉快的，还是不轻松的话题，都会让自己暂时脱离工作的状态。所以，在 3 分钟之内结束，避免自己被琐事干扰，对自己和工作都是一种负责的主动态度。

第十二招：预先订立节假日销售计划

我们 70%的销售份额来自节假日，做好节假日促销工作，是我们所有工作的重点。节假日的销售计划，店长必须提前 3 天时间制定清楚，星期三就要做好星期六、星期天的销售计划，提前给自己挑战或规划，提前传达给每一位店员，避免星期五晚上还在兴奋。为此我们每周的节前促销例会要从星期五提前到星期三。

第十三招：按部就班地行动

快乐工作的人往往耐得住寂寞，在那些看似程式化的进程当中寻找到快乐，他们是善于自我控制的人，可以让时间听从自己的安排。

其实，对于我们每一个人来说，每当遇到那些不情愿做又不得不做的事情时，比如处理客户投诉，我们不能拖延。避免自己拖延完成的最佳办法就是“按部就班地行动”来完成它：从接到任务的第一时间起，在自己的行事历上用醒目的符号标注出截止的日期，并把任务均匀地分配在日程之内。这样做，不但每天可以轻松地做完部分工作，而且由于时间充沛，所以更有理由把当天的这一部分工作组织到非常完美。因为有惰性的人一定是先松后紧，最后让自己慌手慌脚地把工作敷衍了事，那样的效率与业绩是不可能超越一贯按部就班地行动的人的。

第十四招：永远现在进行时

有时候，对你而言，结束一件一小时之内就可以完成的工作，可能不如望向窗外发一小时呆来得有趣。顾客的电话非今天打吗？不如先和朋友在 QQ 上聊几句，因为明天他就出远门了，而顾客大概明天还在本城吧！如果明天顾客不在，周五相信他一定在家里，不如索性周五再说吧……

绝不要给自己这样一个理由，说服自己把工作交给下一个小时。永远以“现在”这两个字来想问题，把“明天”、“后天”、“下星期”想成遥远的下个世纪好了，做个“我现在就要开始工作”的人，哪怕只是拿起电话，和顾客说说你刚才想到的某个建议，让他觉得你是一个主动的、热情的服务者。工作在此时此刻，是让我们保持战斗欲望的行动力。

第十五招：学会追求金钱

也有很多人安于现状，20岁的年龄50岁的心态，对金钱的观念麻木而淡薄，从好里说，淡泊名利、与世无争；从另一个角度看，也的确是没什么追求和上进心，不太在意生活的品质。

看看另一些人是如何对待生活的：比如永远把自己打扮得光鲜靓丽、穿着入时的同事，比如拥有了一套高尚地段的房产的大学同学，比如让孩子进了更优秀的幼稚园的邻居等等。不要羡慕人家的命好，大家都是一样的。我们拼命工作，不就是为了离自己理想中的极乐园更近些吗？每隔一段时间就给自己制订一个目标，大的像买一辆自己喜欢的新车，小的如买一套流行的短裙，有时候压力是让人忘情于工作最好的动力。

第十六招：有用的人就在你身边

南方很多公司都有个不成文的规定，在新同事到来时，大家都会送一点小礼物表示欢迎。也有不少人是礼物照送，但流于形式，并不想彼此真正成为朋友。而对于一个连身边的人都懒得结交的人来说，更不要指望他有心交往很多四面八方的有用的朋友。如今这个社会完全是靠人际关系网来工作和运作的，需要别人帮忙时，如何向别人主动开口？

下次有新入职的同事到来时，不妨当面递上一张自己做的卡片，除了自我介绍之外，再附上一段你的祝福语，简简单单就赢得了别人的心。它的好处在于你以后的工作中，都会得到大家不遗余力的帮忙。几句温暖的话就可以收买到人心，为自己轻松编织一张人际网，占尽了主动的先机，何乐而不为呢？

第十七招：一杯咖啡时间

有时候，我们认为把自己的工作分摊出去，不免有“支使”他人之嫌，即便把工作交给了别人，但由于个人理解与处理问题的角度不同，他人所做的工作汇总到你这里时，你会遗憾地发现，你们好像说的根本就是两回事。你可能因此而后悔当初不如自己把事情

干了算了。

当下一个任务下来时，你可以召集大家开一个小会，把自己对任务的理解面对面、最大限度地传递给合作者。在整个项目的进行中，你需要做的也许就是找出一点空余时间，和每一个项目执行者一起喝杯咖啡！这样做，好处是可以及时地沟通，随时调整。看，一杯咖啡的时间，就是这么简单而已！

第十八招：回忆我们成功的瞬间

回忆我们相互帮助的瞬间，回忆我们第一次成交的喜悦，回忆最让我们感觉快乐的一件事。我们一起来看一组图片：小雪在2008年春节晚会上表演舞蹈节目，大家看她笑得多么灿烂，多么妩媚，以后一定能嫁个好老公，哈哈……这是芳芳在参加我们的野外拓展培训活动时，被独木桥吓哭的场面，呵呵……这是丽丽还没有做店长的时候，那时刚刚加盟A家居做导购员，连续13天没有成交，终于在第14天成交了，高兴地拉着店长和指导老师一起合影，这是丽丽成交的第一单，鼓掌……当我们不快乐的时候，我们就拿出这些可爱的照片来看看、来说说，烦恼就会烟消云散。

这“降龙十八掌”，作为我们A家居和谐文化的重要组成部分，我们要深刻地去理解，成为我们所有员工的行为特征，让和谐文化、和谐团队落到实处。

把导购员成交后的喜悦、成功的瞬间拍摄成专题照片，定期拿出来让导购员回忆。

现在我们一起来学习一套用于治疗失眠、促销恐惧症的健身养神操，有请我们的健身操教练——马老师。

马老师组织学员一起做游戏……

结合导购工作的需要，我们在这里介绍一套用于治疗失眠、促销恐惧症的健身养神操，便于导购员个人练习。

闭眼……深呼吸……吸气……吐气……吸气……吐气……入静……

舒适地坐在椅子上，把休息的意念送到全身各部位。

放松脚尖，接下来逐渐向上放松脚腕、小腿、膝盖、大腿、臀部、腰部、腹部、背部、肩部、手臂、脖子、头部、面部……

全身松弛下来后，转入调整呼吸。把注意力集中于肚脐一带，缓缓地将肚脐向背部贴近，随之呼气。然后缓慢而自然地向体内进气，展腹……

呼吸要尽量缓慢些，心中可以想："真舒服！"这时，"促销恐惧症"彻底消失，永远都不会再回来了……

吸气……吐气……吸气……吐气……

缓缓地睁开眼睛，欢迎大家重新回到地球。

王老师：各位，王老师要告诉大家几个好消息。双节临近，为了在本次促销活动中，给大家降压，5 月、6 月两个月，我们不再统计有效顾客流失率、意向顾客流失率、准顾客流失率，也不再统计和公布顾客投诉率……

7 月份以后，我们会调高允许流失率，具体调高到什么数值，我们到时再公布，大家放心绝对是可以达到的，呵呵……

同时，为了丰富大家的文化活动，我们决定在本次双节促销过后，也就是 6 月 8~30 日，举行 A 家居首届爱情诗篇朗诵比赛。可以一个人朗诵，可以两个人一起朗诵，可以用小品来反映爱情主题，也可以用舞台剧的形式来反映爱情主题，可以是悲剧也可以是喜剧。凡是报名参赛的学员，我们每人赞助服装费、演出费、排练

费共计 300 元，赛后评选出 3 个优秀节目，颁发 A 家居的最高奖项——突出文化贡献奖……

现在是下午 6:30，后勤人员已经将大家的晚餐准备好了。半个小时解决问题，7:00 准时开始晚上的课程。

无论是上课、自习、吃饭、休息，学员和老师都必须寸步不离，很多教学工作是在课堂之外完成的。

老师与学员一起，一边吃饭一边谈工作、谈生活……

刚才大家一起吃盒饭，我发现每个人都吃得很干净，粒粒皆辛苦啊，不浪费一粒粮食。更让我感动的是，齐总吃完盒饭以后，主动把用过的饭盒放进了垃圾桶，放进去以后还用手用力地挤压垃圾桶里面大家扔下的饭盒，把它们压实。我问齐总为什么还要去压饭盒呢，反正都不要了。齐总说女孩子吃饭慢，后面还有人。我明白齐总的意思，多腾出点位置给后面来扔饭盒的人。真是应了那句话：有什么样的老板，就有什么样的员工，总是为后来人、为别人着想，这是 A 家居人最可爱的地方……

三、优秀店长、导购员、后勤人员颁奖大会

在所有学员进餐的时候，后勤人员迅速地把培训室打扮成了颁奖大厅，准备好颁奖音响、悬挂激动人心的颁奖标语，颁奖礼仪小姐整齐地排着队，等候所有学员用完晚餐后进场。

晚上 7:00 整，在各店店长的带领下，导购员们排着整齐的队伍进场来了。齐总、范总、所有的经理、礼仪小姐分列两排，夹道欢迎所有学员入座，场面热烈真挚。齐总和蔼可亲地冲着学员微笑着，范总逐一地与每名学员握手致意，会场氛围优雅、和谐……

再仔细看颁奖台上面，整齐堆放着红色的证书、红包、奖品、鲜花。台下面，所有学员端坐着，双手平放桌面上，两眼注视着颁奖台和主持人，脸上洋溢着幸福的微笑，没有一个人交头接耳，就像是一群等待领导检阅的士兵。

动情的音乐响起，主持人缓步走上颁奖台，现场掌声雷动，颁奖仪式开始了……

具体的颁奖过程，我们不再赘述，正如同大家所期待的，几乎每名员工都拿到了获奖证书，部分员工拿到了高额奖金，领导对每名学员的工作作出中肯的评定，学员们激情满怀地表决心、领任务，宣誓更快、更好、更多地做好服务工作，善待每一位顾客，善待每一位同事，善待每一件家具，永远忠诚于 A 家居，为 A 家居文化做出自己的贡献，整个颁奖过程足足搞了两个钟头。

励志培训不是一个短期的过程，是一项长期的工作，上面我们列举了 A 家居连锁众多励志培训系列课程中的三个课时的内容，这些励志课程就像一只无形的手，助推了企业的成长。

5 年时间，北京 A 家居连锁为什么能够从无到有，成为全国最

颁奖大会中，最热闹的莫过于学员集体合影，这些合影会在促销活动期间，张贴到各专卖店的信息栏上，时时刻刻激励导购员努力工作，快乐工作，善待工作，和气做人，和谐做事。

大的儿童家具销售商，为什么能够在全国开设超过 50 家连锁店，年销售额超过 1 亿元。因为当别人在节假日促销前，布置战略战术、打听对手消息、包装产品卖点、更新促销噱头的时候，A 家居却没有关注这些，他们关注的是员工的幸福感，缓解员工的工作压力，为导购员的工作、生活、学习扫清障碍，发自内心地关心员工，理解员工，打造和谐的团队文化。在全国市场，A 家居连锁得到了顾客的广泛信任与尊重，得到了竞争对手的广泛信任与尊重，得到了员工的广泛信任与尊重。

说到员工激励，很多人就以为是给红包。其实不全对，除了物质激励，还有精神激励，精神激励最重要的一部分就是情感激励。孙悟空比唐僧的本事不知道高多少倍，但是为什么孙悟空死心塌地地跟着唐僧啊？因为在孙悟空刚刚出山，生活最艰难的时候，唐和尚给他送了一件珍贵的礼物，不是紧箍咒，而是一件虎皮裙，是唐和尚亲手一针一线缝起来的。你看看，除了给猴子上西天取真经的理想事业外，还给了额外的情感激励。关羽为什么死心塌地地跟着刘备啊？除了工资待遇不错以外，还有一件事情让关羽特别感动。就是关羽脚大，到哪个专卖店里都买不到合适的鞋，而刘备呢，亲自给关羽做鞋穿。没钱的时候做草鞋，有钱的时候做布鞋。关羽去打仗，除了扛上青龙偃月刀以外，还必定在腰间别上一双老板做的鞋，决战之前先看看，顿觉精神抖擞，倍添神力啊。赵子龙单枪匹马、血染红袍，从乱军中救出刘备的儿子刚刚一岁的小阿斗，交到刘备的手里。刘备抱起儿子可没有像我们有的老板：哎哟，我的儿子哦，爸爸想死你了，你是爸爸的命根子哦，你受苦了，你要是没有了，爸爸也不活了……只见刘备“啪”的一声，就把儿子摔在地上：这个孽子，差点害我一员大将。然后，对着赵子龙说：你要是枉死在敌人手里，我还不如不要这个儿子。赵子龙及其将士哗哗地跪倒一大片，大声喊道：“主公，我们生是你的人，死是你的鬼。”作为老板，要把自己的将士看得比儿子都重要，这就是刘备崛起的秘密。作为老板，要让员工感到，自己对员工比对儿子都好，关心员工比关心儿子都多，员工的地位比儿子都高，员工的命比儿子的命都重要。这样的老板，怎么会不打胜仗？这就是为什么曹操的兵老是跑到刘备家去，刘备的兵打死都不去曹操那里的原因。

把关公请到办公室里面供奉着。越是小的公司，越要跟员工讲“义”，越是大的公司越要树立“义”文化，老祖宗传下的宝贝，不能丢。

第五章 和谐团队

和谐团队是一项重要的管理内容，在本书中只举案例并做简要的概述。这本书是讲文化行销的书、讲导购技巧的书，是实战实用的前沿教材，不适宜涉及太多的管理问题。有关团队管理、文化管理、促销管理的教材，我们以后再来完善。

案例一：拒绝傲慢

2009 年 7 月，事发地点：北京 A 家居连锁，负责人：齐总经理。××儿童家具专卖店店长小兰（兼职主力导购员），创造了月销售 80 万元的纪录（该店使用面积 110 平方米），并且她不断地打破这个纪录，深得齐总赞许，渐渐地有些傲慢了。一次公司普通会议，公司运营经理孙经理告诉所有的店长、品牌经理：公司决定下个月组织员工去海南旅游。所有的人都高兴得鼓掌欢呼，气氛非常好。这时小兰私下对同事说了一句话："海南有什么好玩的……" 声音并不大，表情显得不屑一顾。刚好，齐总在旁边听到了，也看到了。

两天以后，A 家居最拔尖的店长——小兰被开除了。小兰对齐总说：我不服气，为什么开除我。齐总说：尽管你很优秀，但是你不符合我们想要打造的团队文化。我已经观察你很久了，很多同事都反映你在平时比较傲慢，而傲慢会影响到我们的团队文化建设。现在 A 家居正在打造和谐文化，不和谐的人就必须离开。当然，等我们的文化打造好了以后，欢迎你回来，因为那个时候，一两个傲慢的人不会影响到我的和谐文化。而现在，我们的团队文化还很薄弱，就像刚刚学走路的小孩子，被人一推就倒了。如果我不符合和谐文化，我自己也会开除自己……

促销活动结束了，A家居连锁的两位店长在带头收捡促销用品，干活的时候争先恐后，吃苦在前，把方便留给别人，是A家居人的一贯作风。

小兰被开除后，接替小兰的导购员，拼了命地工作，专卖店销售额不降反升……和谐、谦虚、礼让、敬业、负责任、不妄言的团队文化正在形成。

案例二：保持信念

2005年10月，事发地点：上海家具屋，负责人：范总经理。国庆节前，范总在上海东明家具商场开了一个90平方米的××儿童家具专卖店，这是她开的第一家专卖店，装修比较简陋，因为范总的总资产不足10万元。一个小老板，在一家小商场里面，开了一个小店。开业的第一天，她自己买了4个大花篮送给自己，因为没有人给她送花篮，她只是一个小女孩儿，开了一个小店。站在专卖店门口她给导购员、安装工开会：各位伙伴，今天是我们××儿童家具专卖店开业的第一天，首先感谢这几天来大家忙前忙后，为准备开业的事情辛苦了，谢谢你们。我们××是中国儿童家具第一品牌，中国市场占有率最大的品牌，厂家是广东的，生产车间非常大，大得我在车间里面都迷路了，呵呵呵……我们是专业做儿童家具的，我们最大的对手是A，A在全国市场排第二位。××进入上海市场比较晚，A进入上海市场比较早，它们现在在上海有13家店，我们只有1家店。

刚刚××厂家总经理邓先生在意大利给我们打来祝贺电话，首先是祝贺我们开张大吉，生意兴隆。然后邓总还给我们提出了新的要求。他希望我们能够在3年内将专卖店开到10家以上，超过A成为上海市的第一儿童家具品牌，挽回××第一儿童家具品牌的荣誉。为此，厂家将陆续派遣专业人员到上海来指导我们工作，而且派专业的设计师，为我们的店面设计最漂亮的门头，为我们的导购员、安装师做最规范的培训指导，还会做大量的市场广告推广工作，并划拨专款对口支援我们的店。有了厂家的这些帮助，有了东明家具商场的支持，有了我们共同的努力，大家说我们能不能把销售工作做好？（能！）能不能把服务工作做好？（能！）能不能在3年内开出10家专卖店？（能！）能不能成为上海的第一儿童家具品牌？（能！）今天是开业的第一天，商场做了活动，顾客会比较多，我们××的销售任务是力争成交6单以上，销售额突破3万元，大家说能不能完成任务？（能！）确认书——吔！各就各位。当天，销售额达到了5万元，取得了开门红，成为了商场的销售冠军。后来，范总告诉我，为了防范开业第一天就销售不利，为了鼓舞导购员、安装工的斗志，为了制造热销场面，她自己派人买走了2万多元的产品。

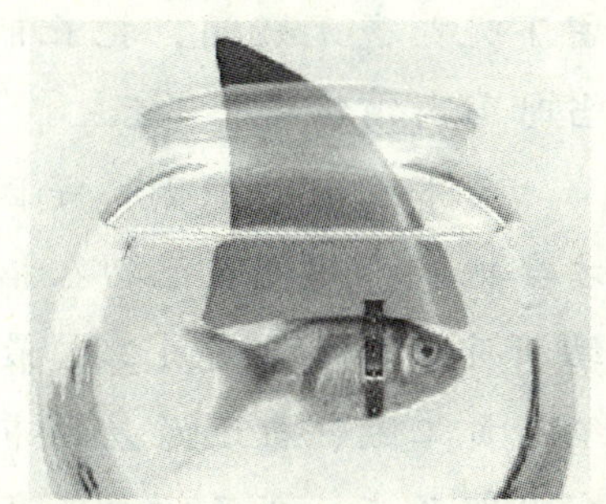
保持信念，坚定信心，弱小的企业才能够有机会成长为大鲨鱼。

2008年，范总兑现了自己当年的承诺，连续开出15家专卖店，将××经营成为上海第一儿童家具品牌，并与齐总强强联合，成为了中国最大的儿童家具经销商。从范总身上，我们发现什么叫信念，信念就是：改变自己的心态，改变团队的心态，当自己还很弱小的时候，一定要鼓舞所有人的斗志，保持超强的信心、坚定的信念、积极的心态。一只小猫去照镜子，看到的是小猫还是大老虎？绝对不能是小猫，一定要看到大老虎。这就是信念，是成功的基础。

案例三：选优用愚

2007 年底，一贯以内销为主的广东××家具公司准备扩大外销出口业务。当时负责外贸出口的业务经理是一位小女生，名字叫丘丽，在这里工作 3 年多，属于老员工。为了扩大出口，我们叫丘丽再去招聘 3 名外贸业务经理，一定要英语专业的。不到一个月，丘丽招聘回来了 3 位业务，4 个人很团结，工作很愉快，出口业务迅速增长。好景不长，金融危机爆发了，外贸出口很难做，公司决定裁减外贸业务经理的编制，4 个人只留一个，其他人要么转岗要么辞退。把谁留下呢？总经理叫我去做判断。首先我查看了 4 个人的销售业绩，发现丘丽的销售业绩最差。其他三名业务经理都是本科生，丘丽是专科生，其他 3 名业务的英语能力、业务能力都在丘丽之上。大家说把谁留下呢？毫无疑问，把丘丽留下，其他三个人转岗去做内销，当时国内销售增长迅猛。

留下丘丽的原因，是因为丘丽最“傻”，最“傻”的领导才会把能力超过自己的人招进公司，最“傻”的老员工才会团结新员工、培养新员工，最“傻”的业务员才会把好的市场交给新员工做、自己做差的市场。企业最怕的是什么？最怕的是武大郎开店，个子比自己高的一律不要，造成集体短视、员工素质太低，见到便宜就抹，见到困难就躲，员工没有责任意识。所以我留下了丘丽，只要有这个“傻”丘丽在，我们就能随时组建起一支最具战斗力的外贸业务团队。

唐僧并不是个精明的人，所以他能收到三个精明的徒弟，这就是团队的奥妙。如果能够选择的话，聪明的人更愿意为愚直的人服务。

我经常对员工讲，如果你还不是领导，或者你想到更高的职位上去，那你要比比看看是你们的经理“傻”，还是你“傻”。我之所以做到总监的职位，是因为我比你们都“傻”，你们都比我强。

案例四：团长、政委

看过《亮剑》，我们认识了李云龙和赵刚。李云龙管打仗，赵刚管生活。军事上听李云龙的，组织上听赵刚的，解决了一山不容二虎的矛盾。两位核心领导，刚柔并济、乾坤互补、团结合作、患难与共，将独立团经营得红红火火。这是每个老板都盼望的。

我们来大胆假设一下，有个士兵问老板：李云龙和赵刚到底谁是一号，如果两人意见不一致，我们听谁的？假设你是老板，你该如何回答这个问题呢？这里面反映出来的管理问题很多，非常值得我们去思考。

1. 为什么士兵会假设两人意见不一致？

2. 为什么士兵会在乎听谁的？

3. 李云龙能做政委吗？

4. 赵刚能做团长吗？

5. 亮剑是团队文化吗，是李云龙创建的吗？

6. 服从是团队文化吗，是赵刚创建的吗？

7.“亮剑”、“服从”并不矛盾，它们谁是第一文化？

8. 缔造团队文化是团长的责任还是政委的责任？

9. 所有的团队都需要团长和政委吗？

10. 团长和政委需要分谁是一把手吗？

从《亮剑》中，我们发现李云龙带出的兵是李家军，李家军的特点是最能打仗，但是不一定听老板的话。赵刚带出的兵是老板的兵，忠诚度是没有问题的，但是不一定会打仗。所以，这两个人必须捆绑在一起团结合作、同心同德，保持同一个方向，才能获得成功；一旦分开，两个人都必定会走向失败。作为老板，我们不要指望找到一个能人，同时具备李云龙和赵刚的本事，这样的能人不好找。

和谐的团队只有一个方向，不和谐的团队至少有两个方向。

案例五：情感激励

要待遇留人，更要情感留人。

韩国有个品牌叫三星。三星的老板叫李健熙。每年过年前，李健熙都会召开年度大会，全世界各地分公司的总经理都会回到韩国三星总部开会。前三名的总经理，干得最好的，李健熙到每个人的房间：“王总，你躺好。”

“干什么，你干什么，老板？”

“躺好，我给你捏下胳膊。王总，你孤身在外不容易啊，市场干到第三名，辛苦了，我给你捏捏腿。”

“呃……老板，干什么嘛，我的腿自己会捏嘛。”

"躺好，我是老板，叫你躺你就躺啊，捏捏腿啊……"左腿捏完，捏右腿。

"哎呀，老板别捏了。"眼泪就流下来了，感动啊……

"别动，你小子很辛苦啊！今天就让你享受享受，休息休息。来来来，翻身……"

"干什么啊?"

"给你敲敲背。你呀，在外面有什么不开心的事啊，你要多担待啊！来来来，坐起来……"

"干什么呀，老板?"

"洗洗脚！"端来一盆热水，给他干得最好的总经理洗洗脚。三位总经理的脚洗完了，再回去休息。

浙江的一位老板用为员工洗脚的方式，传递情感、激励员工。

第二天开会了，所有的将士们即将杀上战场，这三位总经理来得最早。齐步走到老板面前："老板，我生是你的人，死是你的鬼。这辈子我们都跟着你干了。"

中国浙江一位老板，跟李健熙学了这么一招，他们公司年终评选出来最佳员工，一男一女，开迎春晚会的时候，让他俩坐在舞台的正中央，并且把眼睛蒙上。最后的一个高潮节目就是，老板和老板娘双双上台，上去给这两个员工——洗脚！洗完脚之后啊，拉开蒙在员工脸上的布条。姑娘和小伙发现是老板和老板娘在给自己洗脚，用这种方式来感谢自己的努力工作。两位员工和员工家长，哭成了泪人。台下一大帮人都感动得热泪盈眶，发誓努力工作，与企业共存亡。

给500块钱，员工哭不哭啊？也哭，他哭着闹，嫌太少！

给5000块钱，员工哭不哭啊？不哭，觉得这是他自己应该拿到的！

给5万块钱，员工哭不哭啊？不哭，跑啦，自己做老板去啦！

什么是和谐的团队？就是做好以上五件事情。拒绝傲慢、保持信念，选优用愚，团长、政委，情感激励。一个重情重义的老板，一个会打仗的团长，一个会管理的政委，一群心胸宽广的员工，这群人组成的团队很有信念，但是不傲慢很和谐，这就是和谐团队。这样的和谐团队，可以发展得非常壮大，适合大规模的团队管理，可以是一个班、一个团，也可以是一个师，还可以是一个军。

对于如何打造和谐团队，不想写得过多，我们这本书叫《和谐导购实用手册》，应该是谈销售技巧的书，而不是谈管理的书，所以还是以后再来谈这个问题。

我们在这里讲和谐团队，是因为和谐团队是和谐营销、和谐导购、和谐励志的前提条件。对于和谐团队、和谐管理的内容，我们已经有了出版相关书籍的计划。

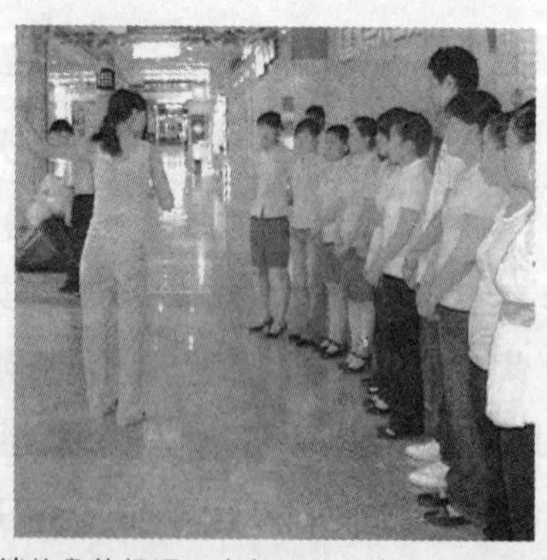

北京A家居连锁的品牌经理，在每天的晨会上反复强调服务标准、销售方法，激励大家团结合作、共创辉煌。

参考资料

1.《幸福感和周一倒数综合症相关》，新华网，http：//news.xinhuanet.com/lady/2007-07/13/content_6368600.htm

2.《“幸福感”的若干双重属性》，光明网，http：//www.gmw.cn/content/2008-04/08/content_752862.htm

3.《招教你摆脱星期一综合症》，中国经济网，http：//www.ce.cn/health/xinli/zcxl/200708/26/t20070826_12679525.shtml 5

4.《你有工作幸福感吗?》，中国人力资源开发网，http：//www.chinahrd.net/zhi_sk/jt_page.asp?articleid=118021

5.《国人工作幸福感偏低》，《深圳商报》，http：//news.sina.com.cn/c/2004-05-18/06372556517s.shtml

6.《黄金周长假刚走“星期一综合症”来了》，汉网，http：//www.cnhan.com/gb/content/2007-10/09/content_832356.htm

7.《深圳白领 MM 的星期一综合症》，深圳新闻网，http：//www.sznews.com/travel/content/2007-06/08/content_1219575_3.htm

8.《家庭收入高低和“幸福感”不一定成正比》，腾讯网，http：//lady.qq.com/a/20090813/000183.htm

9.《辛苦的人们拥有幸福感》，宁夏新闻网，http：//www.nxnews.net/1824/2007-6-18/29@232040.htm

10.《工作幸福感 10 招》，http：//blog.sina.com.cn/s/blog_5a295b310100bxfg.html

11.《工作幸福感的 12 大杀手》，http：//www.xici.net/b695381/d49228717.htm

参考资料

1. 《[illegible]》，[illegible]网，http://news.xinhuanet.com/adv/2007-07/03/content_6568601.htm

2. 《"草根族"[illegible]》，[illegible]网，http://www.gmw.cn/content/2008-04/08/content_752862.htm

3. 《[illegible]》，[illegible]经济网，http://www.ce.cn/health/[illegible]/200708/26/t20070826_12679525.shtml

4. 《[illegible]》，中国人力资源开发网，http://www.chinahrd.net/zhi_sk/jt_page.asp?articleid=118021

5. 《[illegible]》，[illegible]，http://news.sina.com.cn/c/2004-03-18/06372375617s.shtml

6. 《[illegible]》，[illegible]网，http://www.cnhan.com/gb/content/2007-10/09/content_822336.htm

7. 《[illegible] MM [illegible]》，[illegible]网，http://www.sznews.com/travel/content/2007-06/01/content_1219778_4.htm

8. 《[illegible]》，腾讯网，http://lady.qq.com/a/20090814/000183.htm

9. 《[illegible]》，[illegible]网，http://www.nxnews.net/1824/2007-6-18/29@242010.htm

10. 《工作[illegible] 10 [illegible]》，http://blog.sina.com.cn/s/blog_54293b310100bsig.html

11. 《工作[illegible] 12 [illegible]》，[illegible]，http://www.xici.net/b695381/d49228717.htm